昭和～平成

東武スカイツリーライン沿線アルバム

解説　牧野和人

◎業平橋　1994(平成6)年8月13日　撮影：矢崎康雄

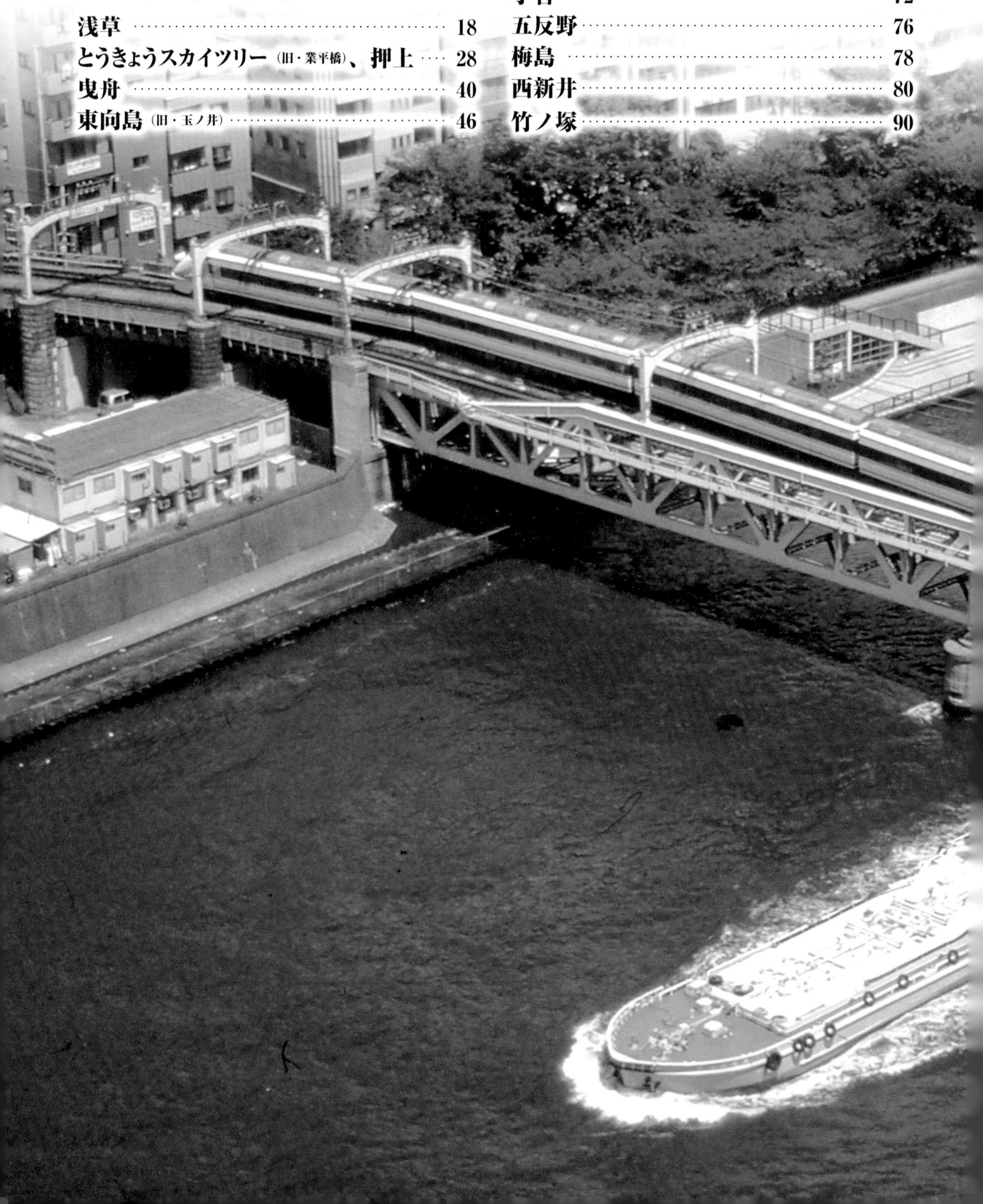

◎業平橋〜浅草　1994（平成6）年8月13日　撮影：矢崎康雄

懐かしの東武鉄道

昭和50年代の末期まで、ウインドウシルヘッダーを備えた厳めしい姿の車体で本線上を闊歩した7800系。台車も緩衝用に板バネを用い、旧国鉄の客車を思い起こさせるかたちのものだった。前照灯は屋根部分へ埋め込まれたシールドビーム二灯で、僅かながら近代的な雰囲気を漂わせていた。
◎牛田〜鐘ケ淵　1974（昭和49）年1月3日
撮影：矢崎康雄

東武日光線の急行だった「だいや」。奇抜にも映る列車名は日光線沿線を流れる大谷川に由来する。主に快速列車用として登場した6000系は、かつての特急用車両5700系等に混じって急行運用に充当された。小振りで簡潔な記載のヘッドマークを掲出していた。
◎牛田〜鐘ケ淵　1974（昭和49）年1月3日
撮影：矢崎康雄

昭和30年代から元号が平成に移るまで、昭和時代後半の長きに亘って東武電車の代表を務めた1720系。登場から10年余りを経た昭和40年代は同車両の全盛期。頻繁に往来していた。縦に配置された前照灯類が個性的なシルエットをかたちづくっていた。
◎牛田〜鐘ケ淵　1974（昭和49）年1月3日
撮影：矢崎康雄

急行「りょうもう」が下り線を駆け抜けて行った。登場以来の四両編成は、去りゆく列車を身軽に見せる。1800系は白線を巻くローズレッドの車体。日光方面等へ向かい従来からの特急電車とは異なる派手な装いで、ビジネス優等列車の存在を知らせていた。
◎牛田〜鐘ケ淵　1974（昭和49）年1月3日　撮影：矢崎康雄

浅草行きの準急がホームへ向かって勾配を駆け上って来た。画面の右手には1993（平成5）年に廃止された貨物列車が発着していたホーム施設が見える。また左手には浅草へ回送する列車等を留め置く側線がある。当駅が客貨運用の拠点として機能していた頃を彷彿とさせる様子だ。◎業平橋　1994（平成6）年8月13日　撮影：矢崎康雄

伊勢崎線と地下鉄日比谷線の間を通して行き交って
いた3000系。全長18mとやや小振りな車両だが、銀
色に輝くセミステンレス製の車体が、塗装された車体
を持つ電車が一般的だった伊勢崎線内で目立つ存在
だった。6両を一編成として登場したが、後に8両編成
で運用された。
◎越谷　1988（昭和63）年3月1日　撮影：矢崎康雄

現行の通勤型電車塗色をまとった5050系。7800系の車体更新車として5000系に続いて登場した。更新化は5000系が自社西新井工場内の津覇車輌で施工されたのに対し、全車アルナ工機（現・アルナ車両）で行われた。当初より冷房装置を搭載した。
◎越谷　1988（昭和63）年3月1日　撮影：矢崎康雄

日比谷線直通運転用の2000系の後継として1988（昭和63）年に登場した20000系。東武初の軽量ステンレス構体をもつAFEサイリスタチョッパ制御車である。
◎東武動物公園　1996（平成8）年11月21日
撮影：荻原二郎

8000系の後継車として1983（昭和58）年に登場したのが20m4扉オールステンレス車体の10000系である。同じオールステンレス製の9000系は、この当時東上線（地下鉄有楽町線乗り入れ車）で運用されていた。
◎東武動物公園　1999（平成11）年4月17日
撮影：荻原二郎

行楽の味方、料金不要の6050系。1964（昭和39）年から1966年にかけて東武本線系の日光・鬼怒川快速用2扉固定クロスシート車として登場した6000系を、1986（昭和61）年10月開業の野岩鉄道乗り入れに合わせてリニューアルを行い6050系に形式変更された。◎越谷　1988（昭和63）年3月1日　撮影：矢崎康雄

亀戸線の終点亀戸駅に入線する2両編成の8000系。方向幕には「曳舟-亀戸」と表示され、亀戸線内のみの運用に就いている列車であることを見て取れる。亀戸線は2004（平成16）年にワンマン運転化され、当線へ入線する車両には対応する機器が追加された。◎亀戸　1991（平成3）年5月4日　撮影：荻原二郎

東武鉄道の時刻表（大正初期）

東武伊勢崎線と佐野線の時刻表であり、ここには亀戸線、桐生線も含まれている。この当時、浅草〜伊勢崎間の所要時間は4時間ほどで、伊勢崎駅と前橋駅を結ぶ院線（現・JR両毛線）の列車の時刻も示されている。この頃は亀戸線には中間駅は置かれておらず、亀戸〜曳舟間の所要時間は10分であった。また、現在は伊勢崎線の館林駅と結ばれている佐野線は、佐野駅から佐野町、越名駅方面へ延びており、館林駅方面の路線は存在しなかった。

淺草伊勢崎相老間（下リ）

列車番號	驛名／行先	淺草發	亀戸線 亀戸發	曳舟發	鐘淵發	北千住着	北千住發	西新井發	竹ノ塚發	草加發	蒲生發	越ケ谷發	武里發	粕壁發	杉戸發	和戸發	久喜着	久喜發	鷲ノ宮發	加須着
六一	新桐生行																			
一	伊勢崎行																			
二四一	北千住行	五、四〇		五、四五	五、五一	六、〇〇														
三	伊勢崎行	六、一五		┊	┊	六、二七	六、二九	六、三六	┊	六、四六	六、五五	六、五九	┊	七、一三	七、二三	┊	七、三一	七、三三	七、四〇	七、四八
二一	加須行	六、三五		六、四〇	六、四六	六、五三	六、五八	七、〇七	七、一三	七、二二	七、三一	七、四七	七、五七	八、一〇	八、二一	八、二八	八、三四	八、五五	九、〇七	九、二〇
五	伊勢崎行	八、〇〇		八、〇四	八、〇九	八、一四	八、一六	八、二三	八、二八	八、三五	八、四二	八、四八	八、五六	九、〇三	九、一一	九、一七	九、二二	九、二四	九、三二	九、四一
二四三	北千住行		八、三〇	八、四七	八、五三	九、〇二														
七	伊勢崎行	九、五〇		九、五四	九、五九	一〇、〇四	一〇、〇六	一〇、一三	一〇、一八	一〇、二五	一〇、三二	一〇、三九	一〇、四七	一〇、五五	一一、〇三	一一、〇九	一一、一四	一一、一六	一一、二五	一一、三四
二四五	北千住行		一一、〇〇	一一、一七	一一、二三	一一、三三														
九	伊勢崎行	一一、五〇		一一、五四	一一、五九	一二、〇四	一二、〇六	一二、一三	一二、一八	一二、二五	一二、三二	一二、三九	一二、四七	一二、五四	一、〇四	一、一〇	一、一五	一、一七	一、二五	一、三四
二四七	北千住行		一、一〇	一、二七	一、三三	一、四二														
一一	伊勢崎行	一、五〇		一、五四	一、五九	二、〇四	二、〇六	二、一三	二、一八	二、二五	二、三二	二、三九	二、四七	二、五四	三、〇二	三、〇八	三、一三	三、一五	三、二三	三、三二
一三	仝	三、四〇		三、四四	三、四九	三、五四	三、五六	四、〇三	四、〇八	四、一五	四、二二	四、二九	四、三七	四、四四	四、五六	五、〇二	五、〇七	五、一〇	五、一九	五、二八
二四九	北千住行		四、二〇	四、三七	四、四三	四、五二														
一五	伊勢崎行	五、三五		┊	五、四三	五、四八	五、五〇	五、五七	┊	六、〇七	┊	六、二〇	┊	六、三三	六、四一	┊	六、五〇	六、五二	六、五九	七、〇七
二五一	北千住行		七、〇〇	七、一七	七、二三	七、三三														
一七	太田行	七、〇〇		七、〇四	七、〇九	七、一四	七、一六	七、二三	七、二八	七、三七	七、四四	七、五一	七、五九	八、〇六	八、一四	八、二〇	八、二五	八、二七	八、三六	八、四五

列車番號	加須發	羽生發	川俣發	舘林發	中野發	福居發	足利町發	太田着	桐生線 太田發	桐生線 三枚橋發	桐生線 治良門橋發	桐生線 藪塚發	桐生線 新桐生發	相老着	院線 大間々着	院線 足尾着	太田發	木崎發	境町發	剛志發	新伊勢崎着	伊勢崎着	院線 前橋着
六一									五、一〇	五、一七	五、二五	五、三三	五、四五										
一	五、三〇	五、五〇	六、〇〇	六、一八	六、二七	六、三八	六、五五	七、〇八	七、二〇	七、二六	七、三三	七、四一	七、五八	八、〇三	九、二二	一一、三五	七、一五	七、二八	七、四〇	七、四八	七、五五	八、二九	九、一二
二四一																							
三	七、四九	八、〇四	八、一二	八、二一	八、二八	八、三七	八、四四	八、五五	九、〇四	九、一〇	九、一八	九、二八	九、五〇	九、五五	一〇、二五	一二、四七	九、〇〇	九、一〇	九、一九	九、二六	九、三二	九、三五	一〇、二六
二一																							
五	九、四二	九、五八	一〇、〇六	一〇、一五	一〇、二二	一〇、三一	一〇、三八	一〇、四九	一一、〇〇	一一、〇六	一一、一五	一一、二五	一一、四五	一一、五〇	一二、二七	二、三三	一〇、五四	一一、〇五	一一、一四	一一、二一	一一、三五	一一、四〇	一二、五三
二四三																							
七	一一、三五	一一、五四	一二、〇五	一二、一三	一二、二〇	一二、二九	一二、三六	一二、四七	一、〇四	一、一一	一、一八	一、二六	一、四三	一、四八			一二、五一	一、〇六	一、一五	一、二一	一、二七	一、三〇	二、三九
二四五																							
九	一、三五	一、五三	二、〇四	二、一二	二、一九	二、二七	二、三四	二、四五	二、五八	三、〇七	三、一三	三、二一	三、三八	三、四三	四、〇一	六、〇二	三、四九	三、〇〇	三、〇九	三、一五	三、二二	三、二五	四、二二
二四七																							
一一	三、三三	三、五〇	三、五九	四、〇七	四、一四	四、二二	四、二九	四、四〇	四、五〇	四、五六	五、〇七	五、一七	五、三四	五、三九	六、四四	八、四三	四、四四	四、五四	五、〇四	五、一〇	五、一七	五、二〇	六、二五
一三	五、二九	五、四五	五、五三	六、〇三	六、一〇	六、一八	六、二五	六、三六	六、五〇	六、五九	七、〇六	七、一四	七、三一	七、三六			六、四〇	六、五一	七、〇〇	七、〇六	七、一二	七、一五	八、一三
二四九																							
一五	七、〇八	七、二三	七、三一	七、三八	七、四六	七、五四	八、〇〇	八、一〇	八、二〇	八、二七	八、三五	八、四三	(着) 八、五五		九、三〇		八、一五	八、二四	八、三二	八、三八	八、四七	八、五〇	九、四五
二五一																							
一七	八、四六	九、〇五	九、一四	九、二四	九、三二	九、四二	九、四九	一〇、〇〇															

◉ 赤字ハ午前、黑字ハ午后ヲ示ス

------ 点線ハ列車ノ通過ヲ示ス

）

列車番號	驛名／行先	院線 前橋發	伊勢崎發	新伊勢崎發	剛志發
六二	太田行				
二四二	亀戸行				
二	淺草行				
四	淺草行	五、五六	六、三〇	六、三五	六、四一
二四四	亀戸行				
六	淺草行	七、四九	八、二〇	八、二五	八、三一
二四六	亀戸行				
八	淺草行	一〇、〇一	一〇、四〇	一〇、四五	[illegible]
二四八	亀戸行				
一〇	淺草行	一二、〇八	一二、四〇	一二、四五	[illegible]
二五〇	亀戸行				
一二	淺草行	一、五四	二、三五	二、三九	[illegible]
一四	淺草行	三、四〇	四、四五	四、五〇	[illegible]
二五二	亀戸行				
一六	淺草行	五、三〇	六、二五	六、三〇	[illegible]
一八	加須行	五、三〇	六、四〇	六、五五	[illegible]
七八	太田行				

東武鉄道の沿線案内図（大正時代）

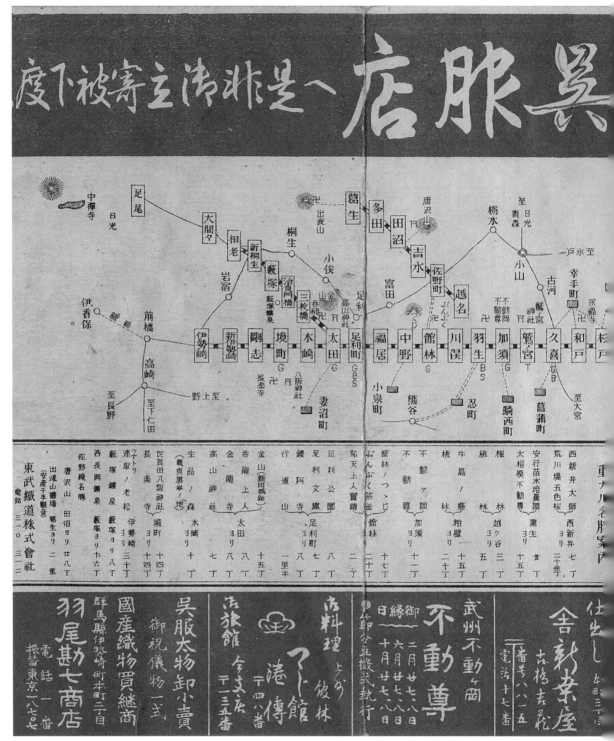

雷門駅まで延伸する前の東武伊勢崎線、大正期の路線図であり、三越呉服店（現・三越）がスポンサーになっていて、下には沿線の旅館、商店の名前も入っている。館林〜葛生間の東武佐野線は、館林〜佐野間が未成線で、この区間の開通は1914（大正3）年8月である。この佐野線では1915（大正4）年7月に堀米駅が開業、また、佐野町〜越名間の旅客営業を休止している（廃止は1917年2月）。東武桐生線の終着駅である相老駅は、1913（大正2）年3月に開業している。◎所蔵：生田 誠

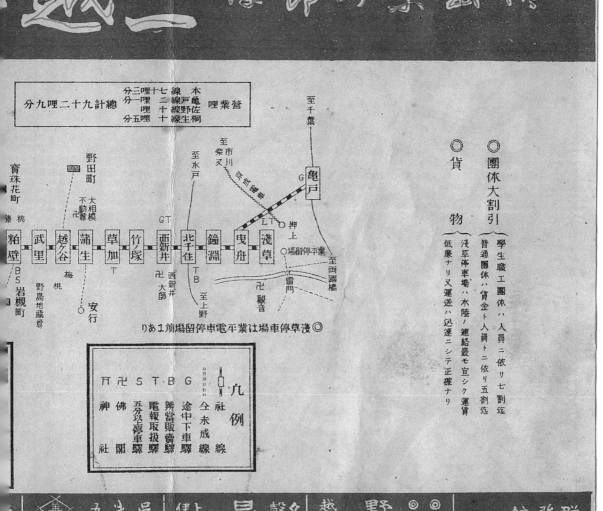

東武鉄道の沿線案内図（昭和戦前期）

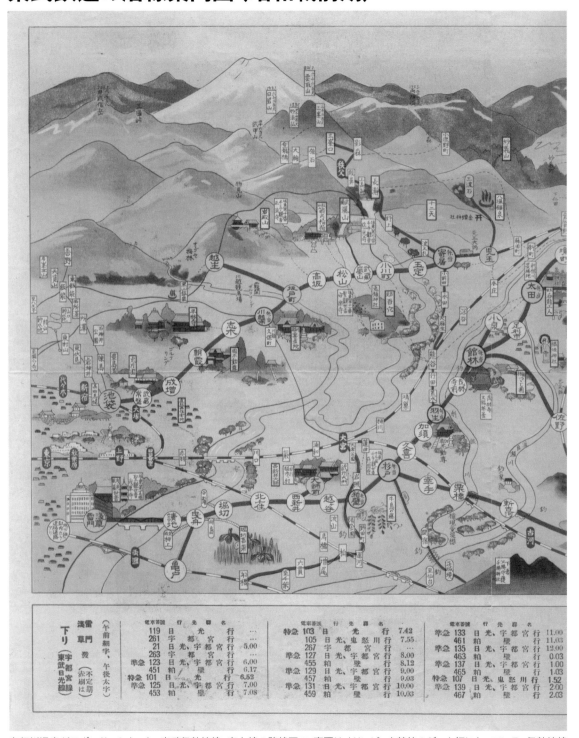

鬼怒川温泉がスポンサーになった、東武伊勢崎線、東上線の路線図で、裏面はオリンピック競技のゲーム板になっている。伊勢崎線を見ると、浅草雷門（現・浅草）～曳舟間には、現在は廃止された請地駅だけが表示されている。この請地駅は1931（昭和6）年5月に開業しており、翌年に京成請地駅が誕生すると一時、乗換駅となっていた（1946年9月に休止、1949年に廃止）。粕壁（現・春日部）駅、杉戸（現・東武動物公園前）駅、館林駅などには、駅名とともに「弁当」の文字が併記されている。◎所蔵：生田 誠

東武鉄道の沿線案内図（昭和戦後期）

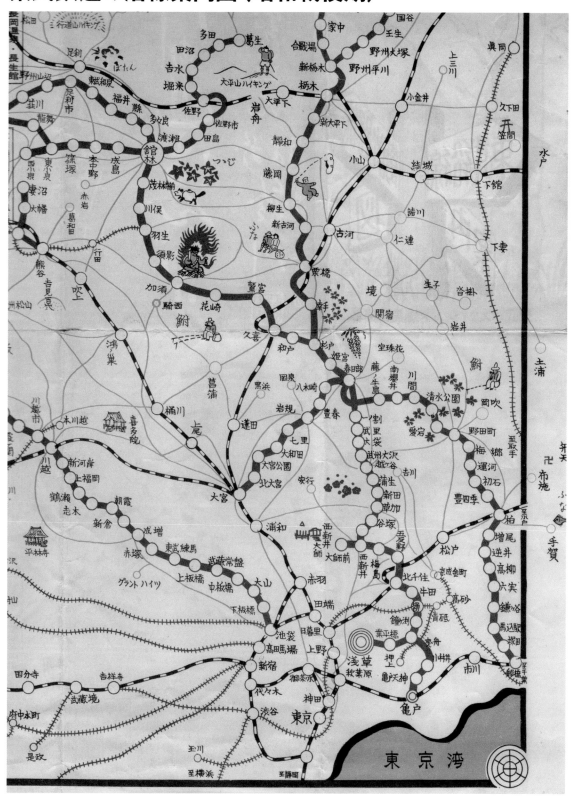

昭和戦後期に発行された東武沿線観光路線案内図の一部で、この上部には日光湯元温泉、鬼怒川温泉、水上温泉の旅館、ホテルもリストアップされている。東武伊勢崎線には、1962（昭和37）年12月に開業する、松原団地（現・獨協大学前）駅は見えない。沿線には、各地の名所がイラストで表示されており、館林駅付近にはつつじの花（つつじが岡公園）、分福茶釜（茂林寺）、春日部駅付近には藤の花（牛島の藤）が見える。伊勢崎線の起点である浅草駅は、四重丸で記されている。◎所蔵：生田 誠

東武鉄道の時刻表（昭和16年）

東武鐵道伊勢崎線、同龜戸線、同大師線、同佐野線、同桐生線、同小泉線

淺草雷門・伊勢崎間（急直行電車）⛟（電車）

（東武鐵道伊勢崎線）　　（宇都宮線ハ 189 頁參照）

十六年三月一日訂補　　主要連絡驛ノミヲ示ス

主要連絡驛名：淺草雷門、業平橋、曳舟、北千住(省)、西新井、草加、越ケ谷、武州大澤、大袋、武里、一ノ割、粕壁、姫宮、杉戸、和戸、久喜(省)、鷲ノ宮、花崎、加須、須影、羽生、川俣、茂林寺前、館林、多々良、縣、福居、東武和泉、足利市、野州山邊、韮川、太田、細谷、木崎、世良田、境町、剛志、新伊勢崎、伊勢崎(省)

伊勢崎行

粁程	運賃	驛名\行先	15	17	1	此間	3	43	45	47
0.0	圓錢	淺草雷門發	5 30	6 30	8 10	淺伊草勢雷門崎發行	6 08	7 30	8 30	9 50
1.1	4	業 平 橋 〃	5 32	6 32	8 12		6 13	7 32	8 32	9 53
2.4	6	曳 舟 〃	5 36	6 36	8 15		6 13	7 36	8 36	9 58
7.1	13	北千住 〃	5 44	6 43	8 22		6 20	7 43	8 43	10 03
11.3	15	西新井 〃	5 49	6 48				7 48	8 48	10 09
15.7	25	草 加 〃	5 57	6 56				7 56	8 56	10 16
17.5	25	越ケ谷 〃	6 05	7 04				8 04	9 04	10 23
24.4	43	粕 壁 〃	6 16	7 15	8 49	7 30	6 49	8 15	9 15	10 33
35.3	62	杉 戸 著發	6 23	7 22	8 54	8 30	6 54	8 22	9 22	10 44
41.0	72		6 24	7 23	8 55	9 30	6 55	8 23	9 23	10 45
47.7	72	久 喜(省) 〃	6 37	7 33	9 02	10 30	7 03	8 33	9 33	11 08
58.5	91	加 須 〃	6 47	7 43	9 13	11 30	7 13	8 46	9 46	11 17
66.2	1.05	羽 生 〃	6 57	7 53	9 20	0 30	7 20	8 56	9 56	11 26
72.4	1.15	茂林寺前 〃	7 05	8 04		1 30	7 29	9 04	10 04	11 34
74.6	1.19	館 林 著發	7 08	8 08	9 29	2 30	7 29	9 08	10 08	11 35
			7 09	8 09	9 30	3 30	7 30	9 09	10 09	11 49
86.9	1.41	足利市 〃	7 27	8 27	9 43	4 30	7 43	9 27	10 27	11 57
94.7	1.54	太 田 著發	7 38	8 40	9 53	5 30	7 53	9 39	10 40	……
			7 41	8 41	9 55	6 30	7 54	9 41	10 41	……
101.2	1.65	木 崎 〃	7 51	8 51	新著町大間ニ運轉ノモノハ	7 07	9 51	10 50	……
106.3	1.74	境 町 〃	7 59	8 59		8 10	9 59	10 59	……
113.7	1.83	新伊勢崎 〃	8 11	9 11		8 21	10 11	11 08	……
114.5	1.83	伊勢崎(省)著	8 14	9 14		8 21	10 14	11 11	……

淺草雷門行

粁程	運賃	驛名\行先	12	2	此間	6	40	42	44	46
0.0	圓錢	伊勢崎(省)發	5 07	…	新發	6 58	7 56	9 07	10 30
1.2	4	新伊勢崎 〃	5 10	6 00	伊大勢すゞ	7 01	7 59	9 11	10 33
8.2	15	境 町 〃	5 20	6 14		7 12	8 12	9 21	10 43
13.3	24	木 崎 〃	5 28	6 14		7 20	8 20	9 29	10 51
19.8	35	太 田 著發	5 37	6 21	淺草雷門發行	5 08	7 30	8 30	9 38	10 59
			5 38	6 24		5 09	7 30	8 30	9 40	11 00
27.6	48	足利市 〃	5 51	6 33		5 19	7 44	8 44	9 52	11 12
39.9	70	館 林 著發	6 10	6 46	6 05 6 58	5 31	8 01	9 01	10 09	11 29
			6 13			5 32	8 03	9 03	
42.1	74	茂林寺前 〃			8 58	5 42	8 15	9 14	
48.3	84	羽 生 〃	6 22	6 55		8 58	5 42	8 15	9 14	
56.0	98	加 須 〃	6 32	7 05	9 58	5 50	8 25	9 24	
66.8	1.17	久 喜(省) 〃	6 46	7 14	10 58	6 01	8 39	9 39	
73.5	1.28	杉 戸 著發	6 55	7 27	1 58	6 09	8 48	9 48	
			6 55	7 27	2 58	6 09	8 50	9 53	
79.2	1.38	粕 壁 〃	7 02	7 27	2 58	6 16	9 00	9 53	
90.1	1.57	越ケ谷 〃	7 16		3 58	9 07	10 07	
97.0	1.69	草 加 〃	7 25		3 58	9 15	10 13	
103.2	1.80	西新井 〃	7 33		5 58	9 22	10 24	
107.4	1.83	北千住(省) 〃	7 41	7 56	6 45	9 29	10 32	
112.1	1.83	曳 舟 〃	7 51	8 03	ノモ運轉ノ	6 35	9 36	10 42	
113.4	1.83	業 平 橋 〃	7 54	8 05		6 56	9 40	10 46	
114.5	1.83	淺草雷門著	7 57	8 08		6 59	9 42	10 49	

淺草雷門・粕壁間急行不停車驛：隅田公園、鐘ヶ淵、玉ノ井、鐘淵、堀切、牛田、中千住、小菅、五反野、梅島、竹塚、谷塚、新田、蒲生、武州大澤、大袋、武里、一ノ割　上記急行不停車驛乘降ノ方ハ下記ノ區間電車ニ乘車セラレタシ

注意　○本表ハ急直行電車ノミニシテ此ノ外伊勢崎線ニハ各驛停車ノ區間電車運轉ス　○本表ニハ淺草雷門・越ケ谷間ノ急行不停車驛ハ省略セルニ付不停車驛ハ下記参照　○急行不停車驛ニ乘降ノ方ハ下記區間電車ニ乘車セラレタシ　○必要ニ應ジ本表ニ揭載ノモノノ外特別急行電車ヲ運轉ス

近電距離：
淺草雷門―粕　壁間 6 17 ヨリ 8 03 マデ　　1 時間毎ニ直通電車運轉ス
淺草雷門―中千住間 5 00 ヨリ 0 20 マデ　　5 分乃至 15 分毎ニ直通電車運轉ス
淺草雷門―西新井間 5 00 ヨリ 0 20 マデ　約 5 分乃至 15 分毎ニ直通電車運轉ス
淺草雷門―大師前間 5 50 ヨリ 9 22 マデ　約 10 分乃至 30 分毎ニ直通電車運轉ス
淺草雷門―草　加間 5 00 ヨリ 10 52 マデ 約 7 分乃至 30 分毎ニ直通電車運轉ス

淺草雷門・龜戸間（電車）⛟

（東武鐵道龜戸線）　連絡驛ノミヲ示ス

十二年七月一日訂補

驛名：淺草雷門、隅田公園、業平橋、請地、龜戸(省)
（全線程 5.8 粁、運賃 10 錢）
運轉時間　淺草雷門―龜戸 18 分ヲ要シ　淺草雷門・龜戸間
淺草雷門發 5 37 ヨリ 11 55 マデ　10分毎ニ運轉
龜戸發 5 26 ヨリ 0 08 マデ

西新井・大師前間（電車）（非）

（東武鐵道大師線）　各驛連絡

十三年四月十五日改正

驛名：西新井、大師前(全區間 1.1 粁、運賃 4 錢)
（淺草雷門ヨリ 12.4 粁、運賃 15 錢）
運轉時間　淺草雷門―大師前直通 28 分ヲ要シ
5 50 ヨリ 9 22 マデ約 10 分乃至 30 分每ニ直通電車運轉ス

館林・葛生間（東武鐵道 佐野線）（電車）⛟

十四年二月一日訂補　　主要連絡驛ノミヲ示ス

粁程	運賃	驛名						此間				
0.0	錢	館 林發	5 28	6 17	7 12	8 12	此間毎間約一運時轉	7 34	8 12	9 12	10 12
9.0	16	佐野町 〃	5 40	6 29	7 24	8 24		7 47	8 24	9 24	10 24
11.5	20	佐野(省) 〃	5 44	6 33	7 28	8 28		7 51	8 28	9 28	10 28
17.7	31	田 沼 〃	5 55	6 44	7 39	8 39		8 02	8 39	9 39	10 39
22.1	39	葛 生著	6 01	6 50	7 47	8 47		8 08	8 45	9 47	10 47

粁程	運賃	驛名						此間				
0.0	錢	葛 生發	5 32	6 08	7 24	8 24	此間毎間約一運時轉	7 25	8 24	9 24	10 03
4.4	8	田 沼 〃	5 39	6 15	7 31	8 31		7 32	8 31	9 31	10 10
10.6	19	佐野(省) 〃	5 50	6 25	7 42	8 42		7 43	8 42	9 42	10 20
13.1	23	佐野町 〃	5 54	6 30	7 46	8 46		7 47	8 46	9 46	10 24
22.1	49	館 林著	6 07	6 43	7 57	8 57		7 58	8 57	9 57	10 36

太田・新大間々間 ⛟（電車）（東武鐵道 桐生線）　各驛連絡

十三年四月十五日改正

新大間々行

粁程	運賃	驛名\行先			5 53	此ノ間	6 30	7 30	8 30
…		淺草雷門發	…	…	5 53	太田發	6 30	7 30	8 30
0.0	錢	太 田 〃	6 11	7 12	*7 44	新大間々行	8*44	*9 44	10*44
3.4	6	三枚橋 〃	6 16	7 16	7 49	8 48	9 48	10 48
5.9	11	治良門橋 〃	6 20	7 20	7 52	8 44	9 44	10 44
9.7	17	藪 塚 〃	6 25	7 26	7 57	9 44	10 44	
12.9	23	阿佐美 〃	6 30	7 30	8 02	9 55	9 00	10 00
14.6	26	新桐生 〃	6 33	7 33	8 06	2 44	7 44	9 02	10 10
16.9	30	相老 〃	6 37	7 36	8 09	11 44	9 09	9 49	10 49
20.3	36	新大間々著	6 41	7 41	8 13	ノモノ運轉	9 13	10 13	11 13

太田行

粁程	運賃	驛名\行先			此ノ間			
0.0	圓錢	新大間々發	5 06	5 57		7 41	8 57	9 57
3.4	6	相老 〃	5 11	5 56	新大間々發	7 46	9 02	10 02
5.7	10	新桐生 〃	5 14	5 59	太田行	7 49	9 06	10 06
7.4	13	阿佐美 〃	5 16	6 02		7 52	9 10	10 08
10.6	19	藪 塚 〃	5 22	6 07		7 57	9 13	10 13
14.4	25	治良門橋 〃	5 27	6 12		8 03	9 19	10 19
16.9	30	三枚橋 〃	5 31	6 16		8 11	9 21	10 21
20.3	36	太 田 〃	5 35	6 24		8 11	9 26	10 26
115.0	1.90	淺草雷門著	7 57	8 08	ノモノ運轉	10 49	……	……

館林・小泉町間 ⛟（東武鐵道 小泉線）　連絡驛ノミヲ示ス

十四年九月二十日訂正

3	5	9	13	17	19	21	25	27	29	粁程	運賃	驛名	2	4	6	10	14	18	20	22	26	28
7 10	8 10	10 10	0 10	2 10	3 10	4 10	6 10	7 10	8 10	0.0	錢	發館 林著	7 00	7 38	9 00	11 00	1 00	3 00	5 00	6 00	7 00	8 00
7 24	8 24	10 24	0 24	2 24	3 24	4 24	6 24	7 24	8 24	6.1	11	〃 本中野發	6 48	7 24	8 46	10 46	0 46	2 46	3 46	4 46	6 46	7 46
7 30	8 30	10 30	0 30	2 30	3 30	4 30	6 30	7 30	8 30	8.2	15	〃 大 篠塚	6 42	7 19	8 40	10 42	0 42	2 42	3 42	4 42	6 42	7 42
7 34	8 34	10 34	0 34	2 34	3 34	4 34	6 34	7 34	8 34	10.7	19	著 小泉町發	6 36	7 13	8 36	10 36	0 36	2 36	3 36	4 36	6 36	7 36

1941（昭和16）年当時の伊勢崎線系統路線の時刻表。電車で運転している路線には（電車）と記載されている。第二次世界大戦前の東武鉄道には当ページに記載されている小泉線や矢板線等、蒸気機関車が客車を牽引していた非電化路線があった。

1章
スカイツリーライン
（都区内区間）

◎堀切　1974（昭和49）年5月5日　撮影：矢崎康雄

浅草

【所在地】東京都台東区花川戸１−４−１　【開業】1931（昭和６）年５月25日　【キロ程】0.0km（浅草起点）　【ホーム】3面４線
【乗降人員】45,422人（2019年度１日平均）

東京を代表する観光地の一つとして知られる浅草寺の近くに浅草雷門駅が伊勢崎線の起点として開業した。待望されたターミナル駅の開業を祝い、仲見世の入口には心づくしの装飾を施した看板が建てられた。駅名の通り、駅の出入り口は雷門と僅か二筋離れた所にある。◎浅草雷門（現・浅草）　1931（昭和６）年
所蔵：東武博物館

和装の女学生達が浅草駅前に集まっていた。修学旅行の途中という彼女等が通う学校は三輪田高等女学校（現・三輪田学園中学校、高等学校）。現在も東京都千代田区にある学校だ。大正期には未だ遠方への団体旅行が珍しかったのか。これから吾妻橋を渡って浅草見物へ繰り出したのだろう。◎浅草（現・とうきょうスカイツリー）1919（大正８）年
所蔵：岩田 武

隅田川の東岸付近から浅草駅ビルを望む。建物の中程に「浅草松屋」の切り抜き文字が躍り、「歳末大売り出し」の垂れ幕が下がっていた。老舗百貨店の松屋は浅草雷門駅の開業時よりビルの上層階に出店。後に1階、2階部分にまで店舗を広げた。屋上にはゴンドラ等を備えた遊園地施設があった。◎浅草　撮影年不詳　所蔵：東武博物館

1931（昭和6）年に開業した浅草雷門（現・浅草）駅は東京初のターミナルデパートであり、アール・デコ様式のモダンな雰囲気は浅草のシンボル的な存在となった。東京大空襲にも耐え、現在も浅草松屋は現役である。◎浅草　1960年代半ば　撮影：山田虎雄

浅草の絵葉書 （所蔵：生田 誠）

【松屋浅草店と浅草の街（昭和戦前期）】1931（昭和6）年5月、東武伊勢崎線の新しい起終点駅である浅草雷門（現・浅草）駅が開業した。2階にホームのある駅ビル（地上7階、地下1階）には、同年11月に松屋浅草店が開業し、下町のターミナル・デパートとなった。建物自体は建築家の久野節が設計した流行のアールデコ様式で、浅草の街が一気にモダンな街に変身した。

【浅草雷門通（昭和戦前期）】奥には地下鉄ビル、松屋浅草店が見える浅草の街である。松屋の屋上には、子供たちに人気があった屋上遊園地（スポーツランド）で、飛行艇（ロープーウェイ）が設けられていた。手前に走るのは、浅草のメインストリートだった雷門通り（浅草広小路）。奥には、隅田川を渡る吾妻橋が架けられており、サッポロビール（現・アサヒビール）の工場が見えている。

【浅草仲見世（昭和戦前期）】
1923（大正12）年9月1日に発生した関東大震災は、東京の下町を襲い、浅草の街も壊滅的な被害を受けた。赤レンガの街並みだった仲見世も崩壊したが。1925（大正14）年には新たなコンクリート造りの商店街として復活した。この時期には、道の両側の近代的な街灯が設けられ、道行くパラソルを差した人々とともに、モダン・トウキョウの街らしい賑わい見せていた。

【浅草寺境内（昭和戦前期）】
仲見世から続く浅草寺の境内、左手には仁王門が見え、右手には五重塔が建つ。この門の奥には本堂（観音堂）があり、戦前の境内は仲見世側から見て、五重塔は本堂の右手にあった。しかし、この本堂、仁王門、五重塔は、太平洋戦争の戦災で焼失し、現在の伽藍は戦後に再建されたものである。その際、五重塔は本堂に向かって右手から、左手に位置が変えられている。

【浅草六区（昭和戦前期）】
戦前には日本一の興行街として芝居小屋や映画館が建ち並び、多くの人が訪れた浅草六区。特に藪入りと呼ばれる旧暦の1月16日と7月16日には、商店などで奉公していた丁稚さん、女中さんが休みをもらい、ここにやって来たため、格別の賑わいを見せていた。彼らにとっては、浅草六区は憧れのスターに会うことができる夢の場所だったのである。

浅草駅を後にして日光へ向かう特急「きぬ」。前面非貫通型で旧国鉄80系湘南電車に似た二枚窓を備えるモハ5700形を先頭にしたA編成だ。丸みを帯びた車体と翼をデザインしたヘッドマークが優等列車らしいスピード感を演出していた。
◎浅草　1956（昭和31）年7月　撮影：田部井康修

浅草から下り列車に乗車。駅を出るとすぐに東方へ大きく向きを変える急曲線が控える。軌条の内側には脱線等を防止するための補助レールが敷かれていた。甲高い車輪の軋む音を聞きながら隅田川へ差し掛かると対向列車が顔を覗かせた。
◎浅草〜業平橋　1953（昭和28）年6月10日　撮影：吉村光夫

「おじか」のヘッドサインを掲出して浅草駅に入る1720系「デラックスロマンスカー」。新鋭特急電車として登場間もない頃の姿だ。「おじか」は鬼怒川線発着の特急名称。1720系にとって特急用車両の先々代に当たる5700系が登場した1951（昭和26）年に設定された。◎浅草　1960（昭和35）年10月　撮影：吉村光夫

百貨店が入っていた浅草駅の屋上から業平橋（現・とうきょうスイカイツリー）方面を望む。隅田川には1931（昭和6）年製の鉄橋が架かる。対岸は東京都墨田区。川岸に沿って公園があり、家並が続く街中で木々が茂る緑地帯を形成している。◎浅草〜業平橋　1955（昭和30）年4月9日　撮影：青木栄一

例え旧型車であっても四枚扉の電車が出入りするターミナル駅の情景は都会の鉄道が醸し出す喧騒を思い起こさせる。石積み調の壁面が美しい東武路線網の拠点として誕生した駅ビルは、未だ発展途上にあった時期における日本の近代建築を象徴する構造物の一つである。
◎浅草　1967 (昭和42) 年7月26日　撮影：矢崎康雄

ターミナル駅浅草の手前には半径100mの急曲線がある。また、線路の終端部が入り込んだ駅ビルは繁華街に隣接しており、現在よりもホームを長くすることは困難だ。そのために当駅へ入線する列車は通常、6両編成に制限される。但し1番ホームのみ、8両部編成分の有効長を備える。◎浅草　1960 (昭和35) 年10月　撮影：吉村光夫

時刻表の下に掲げられた看板には、9月から運転を始めた新型の有料急行専用車1800系が描かれていた。新車の投入を機に伊勢崎線系統の急行列車は愛称を「りょうもう」に統一した。また急行料金は乗車距離による地帯制が採用された。
◎浅草　1969（昭和44）年10月4日　撮影：荻原二郎

隅田川を渡る直前の高架区間を走る5700系。僅かに開けられた窓の奥に見える座席背もたれに掛けられた白いカバーは優等列車の証しだ。今しがた発車して来たばかりの浅草駅ビルが背後を飾った。アーチ状の架線柱を支える脚も石積みの洒落た意匠である。
◎浅草　1967（昭和42）年7月26日
撮影：矢崎康雄

建設省地理調査所「1/10000地形図」

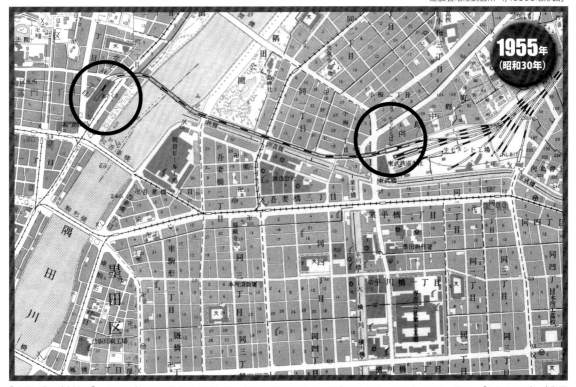

【浅草・業平橋付近】　1955（昭和30）年の浅草・押上付近の地図であり、現在のとうきょうスカイツリー駅は、「なりひらばし（業平橋）」と表示されている。地図の右下には、専売公社（現・JT）業平工場が存在し、業平橋駅の東南には東武鉄道本社、生セメント工場が広がり、京成の押上駅が置かれている。この場所は現在、東京スカイツリー（タウン）に変わっている。

とうきょうスカイツリー、押上

（旧・業平橋）

とうきょうスカイツリー 【所在地】東京都墨田区押上１−１−４ 【開業】1902（明治35）年４月１日 【キロ程】1.1km（浅草起点） 【ホーム】１面２線
【乗降人員】16,047人（2019年度１日平均）

押上 【所在地】東京都墨田区押上１−１−65 【開業】2003（平成15）年３月19日 【キロ程】0.8km（曳舟起点） 【ホーム】２面４線
【乗降人員】110,723人（2019年度１日平均）

隅田川を渡った浅草の街中にターミナル駅が建設されるまで、大横川（現・大横川親水公園）に架かる業平橋付近に開業した伊勢崎線の起点を浅草駅と称した。駅舎等は関東大震災後に建て替えられ、重厚な佇まいを見せる洋風建築となった。◎浅草（現・とうきょうスカイツリー）　1924（大正13）年　所蔵：東武博物館

旅客ホームは早期に高架となっていた。当時の伊勢崎線では、大正末期から昭和初期に製造された電車を主力として使用した。それでも２両編成の列車は長閑な雰囲気を湛える。冷房装置等を搭載していないすっきりとした屋根周りが美しい。構内で都内見物のため、バスに乗り換える団体客の様子である。
◎業平橋（現・とうきょうスカイツリー）　1954（昭和29）年11月
所蔵：東武博物館

散らばった粉類の上を通った荷車の轍がホームに不規則な模様を描いていた。貨物列車の先頭に立って停車する機関車は59号機。旧国鉄から5両譲渡された5500形のうちの1両だ。傍らに停まる凸型の緩急車や架線柱の形状も元号が昭和に移ってなお、黎明期の鉄道を彷彿とさせる脇役である。◎業平橋　1939（昭和14）年11月　撮影：大谷正春

帝国陸軍参謀本部陸地測量部「1/10000地形図」

1916年（大正5年）

【浅草・業平橋付近2】　1916（大正5）年の浅草・押上付近の地図であり、隅田川にはまだ、枕橋の渡しがあった。吾妻橋の上流に言問橋ができるのは1928（昭和3）年、下流に駒形橋ができるのは1927（昭和2）年である。地図の中央上部に見える徳川邸は、江戸時代には水戸徳川家の下屋敷・小梅別邸であり、関東大震災後に隅田公園として整備された。

業平橋に到着した列車から、京成電鉄に乗り換える人たちの光景。東武伊勢崎線沿線には海がなく、海水浴など夏の行楽のため、近い距離にある押上駅から京成電車に乗り船橋、谷津、幕張方面へ向かった。
◎業平橋（現・とうきょうスカイツリー）　1956（昭和31）年　撮影：東武鉄道

東武鉄道本社ビルは初代浅草駅として開業したとうきょうスカイツリー駅の至近に建っていた。屋上からは留置線や貨物駅が広がる賑やかな鉄道情景を一望できたことだろう。東京スカイツリーの建設に伴い、本社機能は2009（平成21）年に竣工した現在のビルへ移転した。◎東武鉄道本社　1972（昭和47）年　撮影：東武鉄道

伊勢崎線における東京口のターミナル駅として明治期に開業した吾妻橋（あづまばし）。後に駅名を浅草と改称したが、伊勢崎線の浅草雷門延伸に伴い、業平橋（なりひらばし）と駅名を再度変えた。昭和期には貨物輸送の拠点となった。
◎業平橋　1968（昭和43）年3月10日　撮影：荻原二郎

業平橋から曳舟方へ進むと、右手に京成電鉄の押上線が地下から顔を出して寄り添って来る。両路線が並行するのは300m余りの僅かな区間だ。浅草へ向かう1720系の前面、右手奥に押上線の架線柱と信号機が見える。押上線は京成曳舟方で東武亀戸線を跨ぐ。◎業平橋～曳舟　1961（昭和36）年9月10日　撮影：矢崎康雄

【押上付近の空撮】
東武伊勢崎線の浅草（現・とうきょうスカイツリー）駅、京成電気軌道
（現・京成電鉄）の押上駅が置かれていた押上付近の空撮である。両線
は右下から延びてきて、中央付近に押上駅、その上に業平橋駅と貨物
ヤードが置かれていた。中央上を流れているのは北十間川で、枕橋付近
で隅田川に注いでいた。この押上、小梅付近は、先に東京市になった本
所区と、遅れて東京市に入った向島区との境目であり、両区は戦後に合
併して墨田区となっている。◎1920（大正9）年頃　提供：朝日新聞社

【業平橋駅付近の空撮】
戦前に小さな住宅や工場が密集していた風景から一変し、この押上1丁目・2丁目付近には新しいアパート、マンションが建ち並ぶようになった。中央付近に見える業平橋(現・とうきょうスカイツリー)駅の北に建つのは、都営押上二丁目アパートで、最も高い12階建ての建物は5号棟である。右側の7階建ての建物は3号棟、左側の6階建ては1号棟である。手前にあった貨物ヤード、生コン工場は現在、東京スカイツリータウンに変わっている。◎1987(昭和62)年　提供:朝日新聞社

貨物の取り扱いが盛んだった頃の業平橋（現・とうきょうスカイツリー）駅は構内に幾条もの側線を備えていた。東武で近代型特急用車両の先駆けとなった1700系は、登場前の内覧会を当駅の一画で行った。ウインドウシルヘッダーを省いた大きな窓が新鮮だった。◎業平橋　1956（昭和31）年2月24日　撮影：吉村光夫

セイジクリーム一色塗りの荷物電車が単行で本線上を行く。モニ1471の種車は大正期に製造されたデハ102。1951 (昭和26) 年に実施した大改番でモハ1400と形式名を変更された車両を、1964 (昭和39) 年に荷物電車へ改造した。荷電となってからも各部に古典車両の面影を残していた。◎業平橋〜曳舟　1981 (昭和56) 年5月29日

ホッパーでの作業風景はホーム上から眺めることができた。貨物列車の牽引を電気機関車が担当するようになった頃にホッパーは使用されなくなった。その後も長らく姿を留めていたが、電車用の留置線増設に伴い1990 (平成2) 年に撤去された。
◎業平橋駅ホッパー線跡　2000 (平成12) 年　撮影：東武博物館

アサヒビール本社ビルからの光景。隅田川を渡り台東区から墨田区へ足を進めると、墨堤通りを越えて隅田川と旧中川を結ぶ北十間川に沿って走る。水面には屋形船が浮かび、短い区間ながら風情のある車窓を楽しむことができる。業平橋へ向かう赤い車体の列車は急行「りょうもう」。
◎浅草〜業平橋（現・とうきょうスカイツリー）　1994（平成6）年8月13日　撮影：矢崎康雄

曳舟

【所在地】東京都墨田区東向島２−26−６　【開業】1902（明治35）年４月１日　【キロ程】2.4km（浅草起点）　【ホーム】3面5線
【乗降人員】29,498人（2019年度１日平均）

前面に急行の小振りなヘッドマーク。浅草雷門（現・浅草）と記載された行先表示板を掲げて停車する電車はデハニ４形。1927（昭
和２）年に18両が製造された元デハ４形である。1930（昭和５）年にほとんど外観へ手を加えることなく、客室の一部が荷物室に改
造された。◎曳舟　1938（昭和13）年７月22日　撮影：荻原二郎

伊勢崎と浅草を結ぶ準急列車が曳舟駅を発車して行った。しんがりを務める古風な面持ちの制御車は、乗降扉部分のステップを省
いた若干近代的な仕様。丸みの強い屋根には雨樋が無く、各扉の上にアーチ形状の水切りを備えている。
◎曳舟　1964（昭和39）年５月８日　撮影：井口悦男

簡素な設えだった曳舟の東側駅舎。現在は病院や店舗が密集している駅前周辺だが昭和30年代には未舗装の空き地だった。駅舎や跨線橋等は未だ木造だが、上屋の下には自動券売機が設置され、施設が徐々に近代化されていく様子を窺わせていた。
◎曳舟　1964（昭和39）年5月8日　撮影：井口悦男

高架化されて間もない頃の曳舟駅。出入り口付近には高架駅のイメージイラストを描いた看板が未だ建っていた。当駅からJR総武本線の沿線にある亀戸へ向かって亀戸線が分岐する。亀戸線の列車は、当駅〜亀戸間を往復する伊勢崎線とは別の運転形態である。◎曳舟　1967（昭和42）年3月19日　撮影：荻原二郎

2両編成の区間列車は車両基地がある竹ノ塚行きだった。第二次世界大戦後の大量輸送に対応すべく投入された6300系を更新した7300系だったが、基本編成は2両、4両であり、昭和40年代の初め頃までは普通列車等で短い編成のまま運用に就いていた。
◎曳舟　1964（昭和39）年5月8日　撮影：井口悦男

回送の列車種別板を掲出して浅草へ向かう列車の先頭に立つ荷物合造車。モハニ5474は昭和初期に製造された元クハニ4の最終番号車だ。本線系の列車に運用される中で荷物室は客室化されたが、大改番を機に荷物室部分を復元し、モハニ5470形と改称された。◎曳舟〜業平橋（現・とうきょうスカイツリー）　1967（昭和42）年5月19日　撮影：矢崎康雄

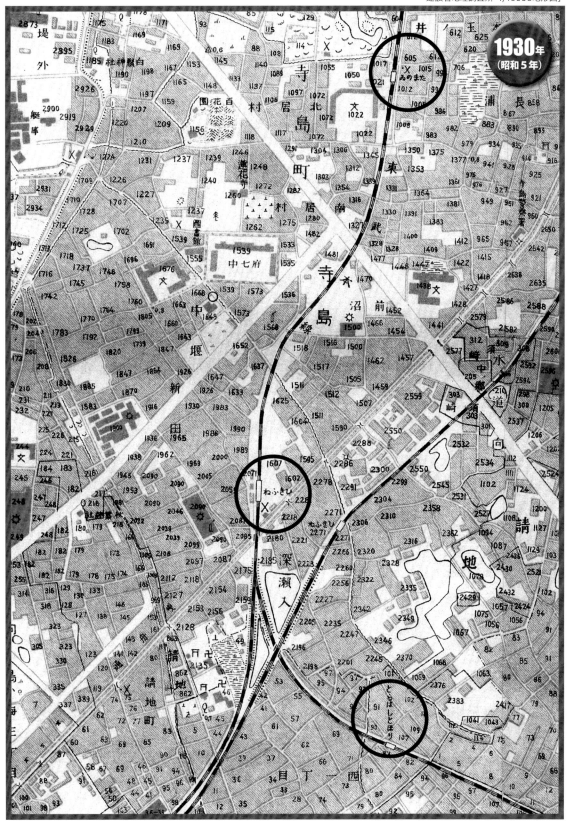

1930年
（昭和5年）

【曳舟・東向島付近】東武伊勢崎線にはこの当時（1930年）、曳舟駅と玉ノ井（現・東向島）駅が置かれていた。現・東向島駅は1902（明治35）年4月に白鬚駅として開業。いったんは廃止されるが、1924（大正13）年10月に玉ノ井駅として復活した。曳舟駅で分岐する東武亀戸線には虎橋通駅が置かれていたが、1943（昭和18）年12月に休止されている（1945年に廃止）。

【水戸街道を渡る伊勢崎線の電車】
1960（昭和35）年3月、水戸街道（国道6号）の踏切を通過する東武伊勢崎線の2両編成の下り列車である。この当時、水戸街道の東武踏切は「開かずの踏切」として悪名が高かった。この写真でも水戸街道の車道には長い自動車、トラックの車列ができている。そのため、この踏切に近い玉ノ井（現・東向島）駅を含む、曳舟〜鐘ケ淵間の高架化は伊勢崎線の中でもいち早く進められて、1967（昭和42）年2月に高架化された。
◎1960（昭和35）年　提供：朝日新聞社

東向島 (旧・玉ノ井)

【所在地】東京都墨田区東向島4−29−7　**【開業】**1902（明治35）年4月1日　**【キロ程】**3.2km（浅草起点）　**【ホーム】**2面2線
【乗降人員】20,442人（2019年度1日平均）

明治通りと水戸街道、大正通りに囲まれた三角地帯に設置された玉ノ井駅。開業時の名称は白鬚駅。当駅から明治通りを隔てた東向島町内に旧寺島村の鎮守を祀る白鬚神社がある。かつて駅の周辺に私娼街として知られた「玉ノ井」があり、当駅は最寄り駅として賑わった。◎玉ノ井 1969（昭和44）年10月4日 撮影：荻原二郎

1987（昭和62）年に玉ノ井駅から改称した東向島駅。改称後も出入口上に掲げられた駅名看板やホーム上の駅名票には「旧玉ノ井」と但し書きが添えられていた。1989（平成元）年には当駅の高架下で自社の車両や資料を展示する東武博物館が開業した。
◎東向島　1990（平成2）年9月24日　撮影：荻原二郎

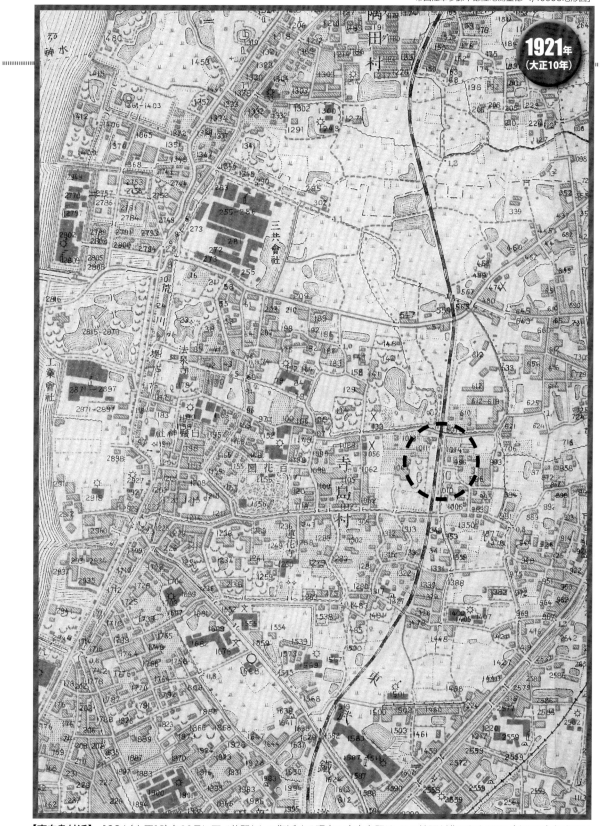

1921年
（大正10年）

【東向島付近】　1924（大正13）年10月に玉ノ井駅として復活する現在の東向島駅は、この地図が作られた1921（大正10）年当時は存在していなかった。1932（昭和7）年に東京市に編入されて向島（現・墨田）区になる前、このあたりは南葛飾郡の寺島村で、向島百花園、白鬚神社、蓮花寺（寺島大師）などが点在する、江戸（東京）庶民の行楽地だった。

鐘ヶ淵

【所在地】東京都墨田区墨田5−50−2　【開業】1902(明治35)年4月1日　【キロ程】4.2km(浅草起点)　【ホーム】2面4線(通過線2線を含む)
【乗降人員】12,839人(2019年度1日平均)

明治時代末期に浅草〜鐘ヶ淵間は複線化され、伊勢崎線における輸送力増強の先駆けとなった。鐘ヶ淵駅の構内では上下線が挟む2本の中線を行き来できるように両渡り付交差(ダブル・スリップ・スイッチ)が設置されていた。ホームに停車する列車は6000系の新鹿沼行き準急。◎鐘ヶ淵　1967(昭和42)年4月23日　撮影：荻原二郎

鐘ヶ淵は駅から放射状に道が広がり、そこに小さな家が密集する庶民の街である。人混みの中に割烹着を着て買い物かごを携えた主婦の姿が散見された。電車に乗って隣町へ買い物に行く日常は彼女等にとって、ささやかな楽しみであったのかも知れない。
◎鐘ヶ淵　1967(昭和42)年4月23日　撮影：荻原二郎

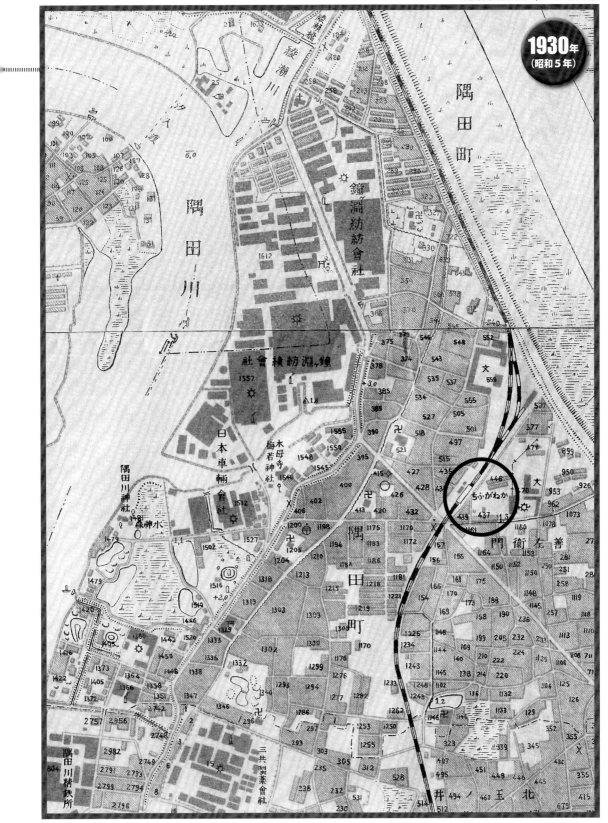

【鐘ケ淵付近】 1930（昭和5）年の鐘ケ淵付近の地図であり、右上に荒川（放水路）が開かれているが、東武伊勢崎線には旧線の名残が見える。地図の中央部分に広い工場用地を有していたのが鐘ケ淵紡績会社（現・カネボウ）で、南側には日本車輌会社の工場も見える。隅田川付近には梅若神社、木母寺、隅田川神社、水神社という名所・旧跡が存在している。

線路沿いは未だ長閑な風情が漂っていた荒川の岸辺を進むモハニ3270形。大改番前のデハニ4形であり、運転室の後ろ部分に荷物室を備えていた。二組備えた集電装置のうち、前の一組のみを上昇させている。草が高く生い茂る時期の撮影で、客室の窓はおおむね全開になっていた。◎堀切〜鐘ケ淵　1959（昭和34）年　撮影：小川峯生

線路を潜る水路は東京都区内の東側を流れる隅田川と荒川を結ぶ。画面の右手には荒川の堤防沿いに設けられた水門が見え、電車が走る奥手には上部トラスの鉄橋がある。この橋は京成本線で、下流側に川の手通りの堀切橋が並行している。
◎堀切〜鐘ケ淵　1959（昭和34）年　撮影：小川峯生

堀切駅の浅草方には水路があり、荒川との合流点に水門が設けられている。鉄道橋にある「橋桁注意」の表記は往来する小舟に宛てられたもの。昭和後期になっても長閑な佇まいを残していた堤防の周辺等は、テレビドラマや映画の撮影地として度々使われた。
◎堀切～鐘ケ淵　1961（昭和36）年3月　撮影：矢崎康雄

荒川の西岸に設置された堀切駅。改札口は上下線で別個にあり、東西口それぞれに駅舎が設置されている。北千住方の線路を京成本線、川の手通りが跨ぐ。駅に隣接していた足立区立第二中学校は2005（平成17）年に閉校。旧施設は現在、東京未来大学として使用されている。◎堀切　1966（昭和41）年6月25日　撮影：荻原二郎

堀切

【所在地】東京都足立区千住曙町34−1　【開業】1902（明治35）年４月１日　【キロ程】5.3km（浅草起点）　【ホーム】2面2線
【乗降人員】4,498人（2019年度１日平均）

準急列車が入線して来た。大型の集電装置を備えた先頭車の車番は3237。もとは昭和初期に製造されたデハ7形で、第二次世界大戦後まで使用された車両を大改番時に形式統合して生まれたモハ3210形に含まれる。同形式は38両が在籍した。
◎堀切　1955（昭和30）年6月28日　撮影：青木栄一

日光線系統の特急列車運用を担っていた5700系等の旧型車両を置き換えるべく1956（昭和31）年に登場した1700系。座席にはリクライニングシートを採用。ビュッフェカウンター、売店を備えた車両の連結等、大幅な装備の向上が図られた。
◎堀切　1956（昭和31）年12月15日　撮影：荻原二郎

第二次世界大戦後に運輸省（現・国土交通省）から割り当てられた7300系を基に、東武が独自で設計した通勤型電車の7800系。浅草行きの準急となって本線を行く。4両編成と2両編成を連結した姿は、大都市間を結ぶ通勤電車らしく堂々として見えた。
◎堀切～鐘ケ淵　1974（昭和49）年1月3日　撮影：矢崎康雄

浅草と会津鉄道の会津田島間を伊勢崎線、日光線、鬼怒川線、野岩鉄道会津鬼怒川線、会津鉄道会津線経由で運転していた急行「南会津」。急行（特急）「りょうもう」で使用された1800系を改造した350系が運用に就いた。同車両は4両編成3本が製造された。
◎堀切　1994（平成6）年1月26日　撮影：荻原二郎

牛田

【所在地】東京都足立区千住曙町1−1　【開業】1932（昭和7）年9月1日　【キロ程】6.0km（浅草起点）　【ホーム】2面2線
【乗降人員】22,996人（2019年度1日平均）

遠くに京成本線の荒川橋梁を望む牛田駅を通過する浅草行きの急行「じょうもう」。上毛電気鉄道の中央前橋駅着発の列車だった。
1956（昭和31）年より運転が始められた。上毛電鉄への乗り入れ末期には1720系の登場で日光特急の運用を退いた5700系等が
充当された。◎牛田　1960（昭和35）年10月　撮影：吉村光夫

京成本線の関屋駅と道一本を隔てて隣接する牛田駅。手狭な構内の一画に押し込められたかのように小さな木造駅舎が建ってい
た。駅前の商店にはメーカー名を大きく記載した看板が掲げられている。画面手前の店舗は酒屋と化粧品店を併設していたようだ。
◎牛田　1962（昭和37）年6月17日　撮影：荻原二郎

線路の向う側には多層階のマンション。ホームで列車を待つ男性はスーツ姿だ。そして反対側のホームに四枚扉車を連ねた旧型車の準急が入って来た。昭和末期はバブル景気に向かって庶民がより上質な暮らしを目指していた頃。そんな上昇志向の過渡期を具現化しているかのような街中駅のひと時だった。◎牛田　1981（昭和56）年11月14日　撮影：矢崎康雄

帝国陸軍参謀本部陸地測量部「1/10000地形図」

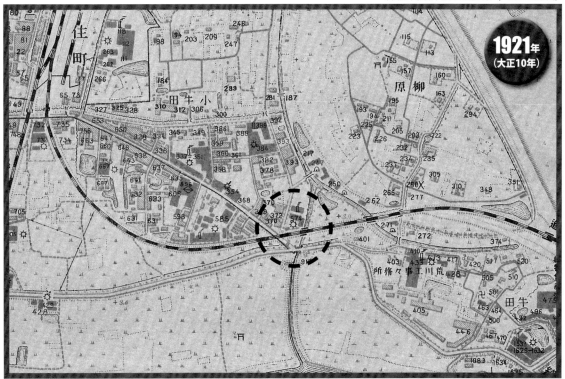

【牛田付近】1921（大正10）年の牛田付近の地図。現在の京成本線の日暮里〜青砥間が開業するのは1931（昭和6）年12月であり、牛田駅南側に設置される京成関屋駅はまだ見えない。地図の南下には荒川工事事務所が見える。このあたりは現在、足立区千住曙町、千住関屋町で、江戸時代には葛飾北斎が「富嶽三十六景　隅田川関屋の里」として描いた。

伊勢崎線と貨物支線だった千住線の分岐駅であった中千住。昭和20年代に駅が廃止されて信号所となった。しかし1962（昭和37）年に信号所も廃止されて千住分岐点となった。千住線や貨物駅があった業平橋では明治生まれの古典蒸気機関車が入替等に活躍する姿を、昭和30年代末期まで見ることができた。◎中千住(信) 1961（昭和36）年10月 撮影：矢崎康雄

千住貨物駅は隅田川の岸辺にあった。周囲を河川に囲まれている地の利を生かし、構内には水運と鉄道を結ぶドックが建設された。貨物船を線路の近くに横付けできる構造だった。画面右手にある大屋根を備えた上屋は貨物ホーム。奥を京成本線が横切る。
◎千住ドック　1958（昭和33）年　撮影：東武鉄道

北千住

【所在地】東京都足立区千住旭町42－1　【開業】1899（明治32）年8月27日　【キロ程】7.1km（浅草起点）　【ホーム】4面7線
【乗降人員】455,250人（2019年度1日平均）

国鉄常磐線との間で貨物の授受を行う線路が敷かれ、ゆったりとした広さの構内を備えていた北千住駅。しかし昭和30年代の半ばになると地下鉄日比谷線乗り入れ工事に必要な区域を確保するために、操車場の機能を牛田方にあった中千住信号所付近へ移設した。◎北千住　1955（昭和30）年7月9日　撮影：青木栄一

帝都高速度交通営団（営団地下鉄【現・東京地下鉄(東京メトロ)】）日比谷線の乗り入れを控えて、大規模な構内の工事に入った北千住駅。東側の出入り口付近にあった瓦葺の建物は、新たに組まれた鉄骨に取り込まれようとしていた。この間口では現在行き交う乗降客を捌きようもない。◎北千住駅東口　1961 (昭和36) 年頃　撮影：東武鉄道

JR常磐線が民間の大手鉄道会社だった日本鉄道の路線として開業した明治期より、東武鉄道伊勢崎線との連絡駅であった北千住。1962 (昭和37) 年には国鉄、東武の駅舎が橋上化され、構内の動線は改善の兆しを見せたが、当時より通勤通学時間帯等には構内が乗降客で溢れた。◎北千住　1963 (昭和38) 年9月15日　撮影：井口悦男

国鉄時代の常磐線と貨物の受け渡しを行う線路と隣接するホームに停まる貨物列車。先頭には時の新鋭電気機関車が連結されていた。両端部にデッキを備える中庸な大きさのD型機は昭和30年代から40年代にかけて東芝で製造された。蒸気機関車に替わって貨物輸送で主力の座に就いた。◎北千住

国鉄常磐線ホームから伊勢崎線のりばを眺めると、両開きの扉を備えた合造電車がホームに停まっていた。郵便合造車のクハユ290形だ。1927（昭和2）年製のクハニ1、クハユ1形を1951（昭和26）年施行した大改番時に統合して生まれた形式である。写真のクハユ285はもとクハニ1形の2番車だ。◎北千住　1963（昭和38）年

【北千住駅のテープカット】 営団地下鉄（現・東京メトロ）の日比谷線は1961（昭和36）年3月にまず、南千住〜仲御徒町間で開業。翌年5月に北千住〜南千住間、仲御徒町〜人形町間が延伸し、東武伊勢崎線とつながった。これで、伊勢崎線の北越谷駅までの相互直通運転が開始され、北千住駅のホームにおいて記念列車の運転開始、テープカットが行われた。並んでテープを切るのは、牛島辰弥・営団総裁と根津嘉一郎・東武社長。◎1962（昭和37）年　提供：朝日新聞社

西新井大橋より足立区方を望む。前方の施設は千住火力発電所だ。明治期より南千住には大出力の火力発電所があったが、水力発電所の優勢が唱えられる中で1917（大正6）年に閉鎖された。しかし関東大震災後の電力事情から新たに火力発電所を建設する運びとなり1926（大正15）年1月に運転を開始した。◎おばけ煙突と西新井橋　1962（昭和37）年　撮影：東武鉄道

1962（昭和37）年5月31日に帝都高速度鉄道公団（営団地下鉄　現・東京地下鉄【東京メトロ】）日比谷線が南千住〜北千住間で延伸開業。同時に仲御徒町〜人形町間も開業し、東武との相互直通運転が始まった。開業から2年余りを経て訪れた北千住の5番ホーム（写真左側）は、未だ新駅の風合いを残していた。◎北千住　1964（昭和39）年6月17日　撮影：荻原二郎

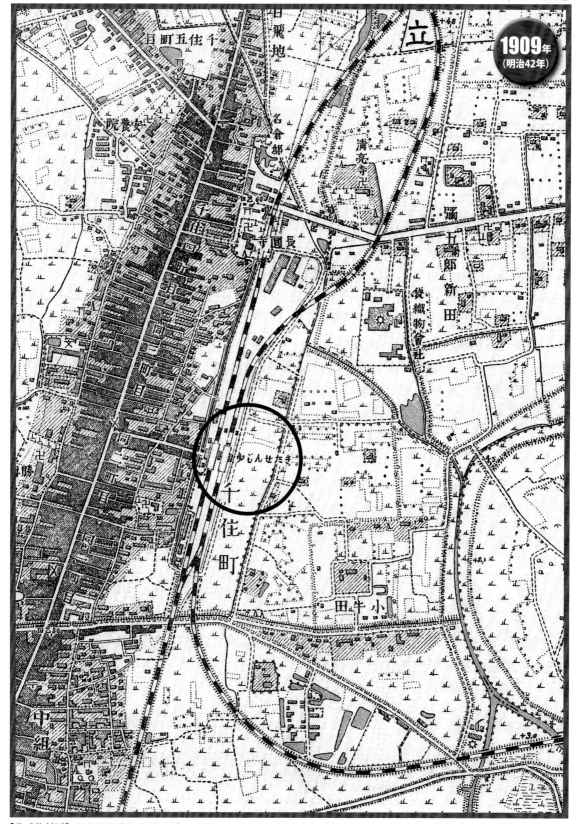

1909年
（明治42年）

【北千住付近】 日光街道（現・国道4号）の最初の宿場町として発達した千住宿には、本宿とともに新宿、南宿（下宿）が存在した。本宿があった現在の北千住付近は、後に千住本町となり、現在は足立区千住1〜5丁目となっている。この時期（1909年）には、南足立郡の千住町だったが、1889（明治22）年まで存在した地名「千住中組」の文字も見える。

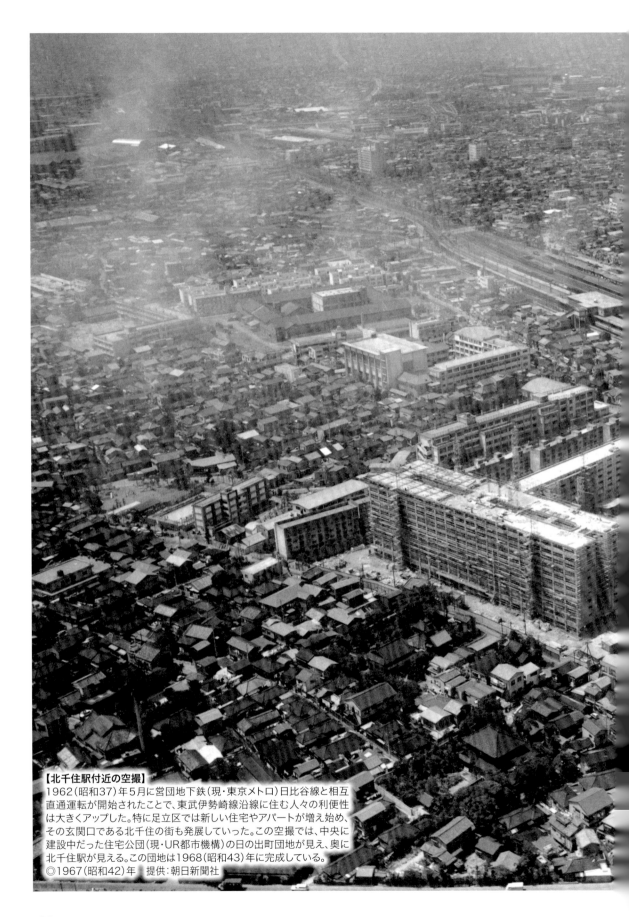

【北千住駅付近の空撮】
1962（昭和37）年5月に営団地下鉄（現・東京メトロ）日比谷線と相互
直通運転が開始されたことで、東武伊勢崎線沿線に住む人々の利便性
は大きくアップした。特に足立区では新しい住宅やアパートが増え始め、
その玄関口である北千住の街も発展していった。この空撮では、中央に
建設中だった住宅公団（現・UR都市機構）の日の出町団地が見え、奥に
北千住駅が見える。この団地は1968（昭和43）年に完成している。
◎1967（昭和42）年　提供：朝日新聞社

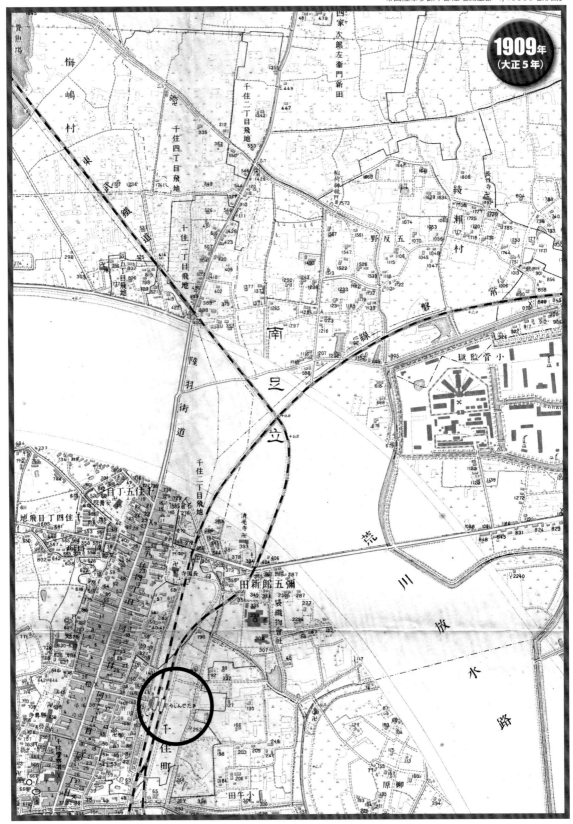

【北千住・小菅付近①】 1916（大正5）年の北千住・小菅付近の地図であり、既に荒川放水路が描かれているが、東武伊勢崎線は旧線のままで、河川部分で国鉄（現・JR）常磐線と交差している。この当時、北千住駅付近の集落は陸羽街道（日光街道、現・国道4号）沿いに集まっており、駅の東側はほとんど未開発で、袋織物会社の工場が見えるくらいである。

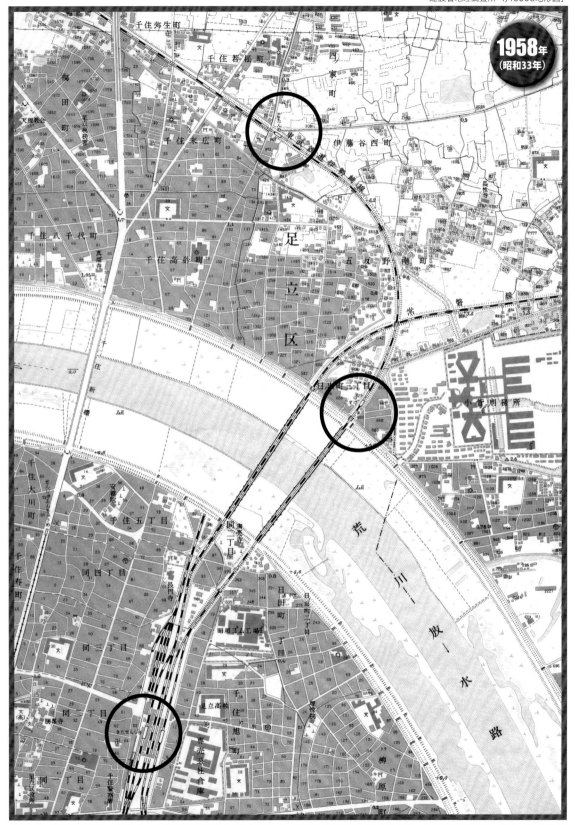

1958年
（昭和33年）

【北千住・小菅付近②】　地図の中央部を荒川（放水路）が流れる、1958（昭和33）年の北千住・小菅付近の地図である。北千住駅を出た東武伊勢崎線、国鉄（現・JR）常磐線は、並行して荒川を渡り、小菅駅の先で交差することになる。小菅駅の東側には小菅刑務所が置かれている。既に東武線と荒川に挟まれた地域は都市化が進んでいたが、北側は農地のままである。

第二次世界大戦後は電気機関車が台頭し始めた。車体の中央に小振りな運転台を載せた凸型機関車は、東京芝浦電気（現・東芝）が戦中、戦後に製造した小型機関車のグループに属するED4010形。全長は11m余りである。後に続く二軸貨車が良く似合う。
◎北千住～小菅　1955（昭和30）年4月6日　撮影：青木栄一

旅客輸送では電車化が進められた東武だったが、貨物列車の牽引には昭和30年代まで蒸気機関車が用いられてきた。プレートガターの桁が続いていた荒川橋梁を渡る貨物列車の先頭に立つ機関車は明治時代を彷彿とさせる古典機。自社発注機の他、官設鉄道に在籍した2B形機の譲渡車が主力だった。
◎小菅～北千住　1938(昭和13)年4月5日　撮影:大谷正春

小菅

【所在地】東京都足立区足立２−46−11　【開業】1924（大正13）年10月１日　【キロ程】8.2km（浅草起点）　【ホーム】1面４線（通過線２線を含む）
【乗降人員】6,177人（2019年度１日平均）

中目黒と行先表示を掲出した東武電車が小菅駅に到着した。当駅の先で隅田川を渡った列車は北千住より営団地下鉄（現・東京メトロ）日比谷線へ乗り入れる。東武、営団、東急の相互乗り入れは日比谷線の全通前より合意され、1962（昭和37）年に開始された。◎小菅　1968（昭和43）年３月10日　撮影：荻原二郎

昭和40年代までは伊勢崎線を始めとする各路線に設定されていた荷物列車。特急、通勤用車両に近代的な姿をした新性能車が登場した後も、大正末期に製造された古典車両と呼べそうないで立ちの電車を改造して専用車に充てた。「荷」と記された列車種別板を掲出したモニ1470形が本線を駆けて行った。◎小菅〜北千住　1967（昭和42）年４月18日　撮影：矢崎康雄

地下鉄日比谷線との相互直通運転を行う為に東武側が新製投入した2000系。18m級の車体を持つ三扉車だった。前面の貫通扉は非常時に使用する地下鉄仕様の装備だ。行先幕の表示は日比谷線の駅である中目黒。荒川を渡り、伊勢崎線と地下鉄路線が連絡する北千住を目指す。◎小菅～北千住　1967（昭和42）年4月18日　撮影：矢崎康雄

昭和30年代に入ると伊勢崎線を経由して、浅草と群馬県下の拠点駅を結ぶ有料急行が設定された。赤城方面へ向かう急行は1963（昭和38）年に新設されて「おりひめ」と命名された。日光方面の特急列車に活躍した5700系がヘッドマークを掲出して運用に就いた。◎小菅　1968（昭和43）年3月1日　撮影：荻原二郎

荒川と隅田川に挟まれた中州地帯で進む方角が目まぐるしく変わる伊勢崎線。北千住の先で進路を北東に取ると川幅の広い荒川を渡る。橋を渡り、平和橋通りを跨ぐと小菅駅に着く。画面左手には川面を上部トラスの橋梁が跨ぐ国鉄（現・JR東日本）常磐線が見える。◎北千住〜小菅　1965（昭和40）年　撮影：小川峯生

荒川がすぐ近くを流れる高い築堤に造られた小菅駅。ホームへ上がる階段の途中に木造駅舎が建っていた。階段を降りると平和橋通りが横切る。荒川、綾瀬川に沿って続く通りは延長7km。小菅駅から左手へ進んで行くと、新水戸橋で綾瀬川を渡る。◎小菅　1968（昭和43）年3月10日　撮影：荻原二郎

ホッパ車を連ねた専用貨物列車が五反野方からやって来た。昭和40年代に入っても東武では貨物輸送が盛んだったが列車の牽引は電気機関車が担った。ED5010形は昭和30年代に製造された中型機。5024は二次量産型の最終番号である。
◎小菅　1969（昭和44）年11月15日　撮影：荻原二郎

帝国陸軍参謀本部陸地測量部「1/10000地形図」

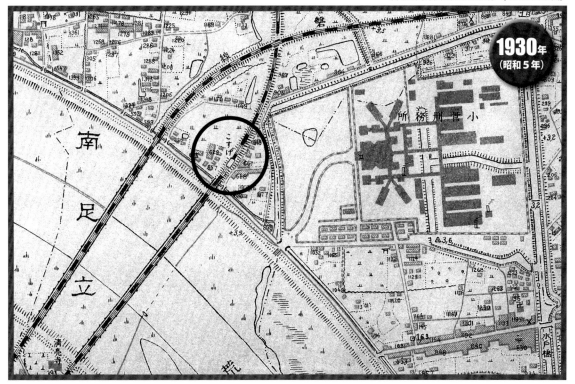

【小菅付近】 1930（昭和5）年の小菅付近の地図である。荒川（放水路）の北側には、東武伊勢崎線に小菅駅が置かれているものの、国鉄（現・JR）常磐線には現在まで駅は設置されていない（最寄り駅は綾瀬）。右側に存在する小菅刑務所（現・東京拘置所）は1879（明治12）年に東京集治監としてスタートし、小菅監獄、小菅刑務所と名前を変えていた。

五反野

【所在地】東京都足立区足立3−34−6
【開業】1924（大正13）年10月1日
【キロ程】9.3km（浅草起点）
【ホーム】1面4線（通過線2線を含む）
【乗降人員】
36,756人（2019年度1日平均）

五反野界隈では浅草と群馬、栃木方面を結ぶ列車に地下鉄車両が加わり、多種多様な電車を見ることができた。急行「りょうもう」の運用に就く二扉車はもと特急用の5700系。ホームに停車するのは地下鉄日比谷線用の帝都高速度交通営団（営団地下鉄【現・東京地下鉄（東京メトロ）】）3000系である。
◎五反野　1969（昭和44）年9月3日
撮影：吉村光夫

高架駅に切り替え直前の五反野駅。頑強そうなコンクリート柱に支えられた新施設に比べて、簡素な造りに見える現行ホームや旧型の電車が時の移ろいを感じさせる。現在の駅前付近には路線バスの停留所を備えたロータリーが設置されている。
◎五反野　1968（昭和43）年3月10日　撮影：荻原二郎

駅舎の前に江北橋通りへ続く道路が交差する踏切があった五反野駅。対向式ホーム2面2線で街中の複線区間にある駅としては小ぢんまりとした構内を備えていた。高架化後は複々線が構内を通り抜ける線形になった。踏切となっていた道路は現在、当駅の中程を潜っている。◎五反野　1968（昭和43）年3月10日　撮影：荻原二郎

梅島

【所在地】東京都足立区梅田７−37−１　【開業】1924（大正13）年10月１日　【キロ程】10.5km（浅草起点）　【ホーム】１面４線（通過線２線を含む）
【乗降人員】36,020人（2019年度１日平均）

五反野から梅島にかけての沿線には４つの小中高校が建つ。都立足立高校の広大な運動場は線路近くまで広がっている。画面左
手で伊勢崎線を跨ぐ道路は国道４号線。線路が地上にあり、二両編成の急行列車が運転されていた長閑な時代の一コマである。
◎梅島〜五反野　1953（昭和28）年10月25日　撮影：青木栄一

架線を煙で燻しながら蒸気機関車牽引の貨物列車が本線を進んで行った。45号機は英国ニールソン社製の6200形。大正期に国
鉄から譲渡され、東武ではＢ５形と形式区分された。同機は電気機関車への置き換えが本格化し始めた1959（昭和34）年まで活
躍した。◎梅島〜五反野　1953（昭和28）年10月25日　撮影：青木栄一

伊勢崎線を行く大師線直通列車。先頭のクハ360は戦災、事故で被災車となった旧国鉄モハ60形、クハ55形を復旧した車両。後ろに連結された四扉の電動車は第二次世界大戦後に量産された旧国鉄63系と同形のモハ6300形だ。
◎梅島〜五反野　1953（昭和28）年10月25日　撮影：青木栄一

昭和40年代に入って都内を走る伊勢崎線では高架化が進められた。地上線時代の梅島駅では駅舎の至近に道路が交差する踏切があった。駅舎は上下線で別個に建っていた。地下鉄日比谷線から乗り入れて来た北越谷行きの3000系が、ゆっくりとホームを離れる。◎梅島　1967（昭和42）年3月26日　撮影：荻原二郎

西新井

【所在地】東京都足立区西新井栄町２−１−１　【開業】1899（明治32）年８月27日　【キロ程】11.3km（浅草起点）　【ホーム】３面６線
【乗降人員】66,712人（2019年度１日平均）

西新井駅前。未舗装の広場に路線バスの停留場を示す看板がいくつも建ち、ターミナルの体裁を整えていた。昭和40年に入って、さすがに都区内でボンネットバスを見ることは無かったが、写真の車両はキャブオーバータイプながら、丸味のある車体とスタンディングウインドウが一世代前を窺わせる懐古調の姿だ。◎西新井　1967（昭和42）年7月　撮影：矢崎康雄

西新井駅の梅島方を望む。左手に曲線を描く線路は伊勢崎線。1700系の上り特急がホームを離れて行く。右手に分かれる隣の軌条と間隔を広く取られた線路は、西新井工場への引き込み線だ。架線柱越しに巨大な工場の建屋が見える。◎西新井　1967（昭和42）年4月25日　撮影：矢崎康雄

駅舎に隣接していた西新井駅の大師線のりば。大師線の線路側を向く駅名票には、一つ隣の終点駅である大師前のみが記載され、
伊勢崎線の駅名表記はない。跨線橋には伊勢崎線の上り列車へ乗り換えるには跨線橋を渡る旨を記載した案内板が掛かっていた。
◎西新井　1967（昭和42）年7月　撮影：矢崎康雄

昭和40年代に入って特急、急行用の新系列車両が出揃うと、第二次世界大戦前に製造されたかつての優等列車用電車は一般車に
格下げ、もしくは廃車された。前照灯をシールドビーム二灯化され、運転室の窓枠周りをHゴム化された姿には、それでも生き長らえ
る老雄の哀愁が漂っていた。◎西新井　1967（昭和42）年7月　撮影：矢崎康雄

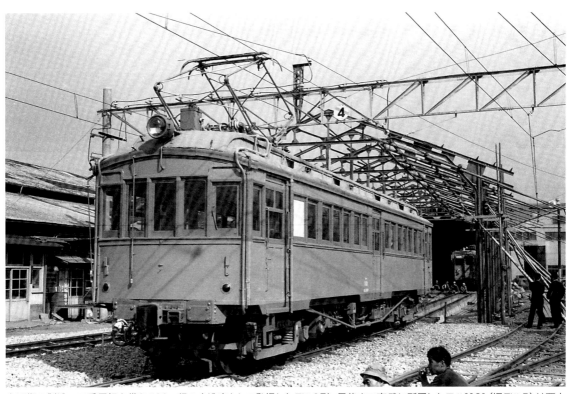

大正期の製造で二重屋根を備える16m級の木造車として登場したデハ1形。最後まで東武に所属したモハ1101 (旧デハ5) は西大井工場の入れ替え用車両として1981 (昭和56) 年まで在籍した。工場転属後に車体へ鋼板が貼られたが、原形の雰囲気を最期まで良く保っていた。◎西新井工場　1967 (昭和42) 年4月25日　撮影：矢崎康雄

未だ残暑厳しい駅の片隅に凸型車体のD型電気機関車が停車していた。ED4011は第二次世界大戦中に現在は中華人民共和国の領土となっている海南島で使用するために、1945 (昭和20) 年に東芝が製造したED4010形。終戦で納入先を失った機関車2両を東武が引き取った。◎西新井　1961 (昭和36) 年8月25日　撮影：矢崎康雄

天井が高い近代的な建屋とは対照的に、ウインドウシルヘッダーを備え厳めしい表情を湛える旧型電車が並ぶ、車両近代化黎明期
の西新井工場。大正期に伊勢崎線が電化された際、電車の整備、定期検査等を行う目的で開設された。
◎西新井工場　1955（昭和30）年4月21日　撮影：青木栄一

1700系の登場を間近に控え、日光線の特急で最後の雄姿を披露していた5700系。非貫通型のモハ5700形とクハ700形を連結したA編成である。前面の形状はもとより、運転室扉周辺の丸味を帯びた塗り分けが、優等列車用車両らしい流麗さを醸し出していた。
◎西新井〜竹ノ塚　1956(昭和31)年3月　撮影：青木栄一

二枚扉の旧型電車が優等列車に充当されていた昭和30年代初頭の伊勢崎線。東京都区内とはいえ、伊勢崎線における拠点駅の一つである西新井界隈には未だ広い田畑が残っていた。架線柱に併設された通信線を支持する施設は、電線や碍子がたくさん並ぶ「ハエたたき」状の形だ。◎西新井　1956（昭和31）年4月29日　撮影：吉村光夫

竹ノ塚

【所在地】東京都足立区竹の塚６−６−１　【開業】1900（明治33）年３月21日　【キロ程】13.4km（浅草起点）　【ホーム】１面４線（通過線２線を含む）
【乗降人員】72,689人（2019年度１日平均）

伊勢崎線で東京都内最北端の駅となる竹ノ塚。駅構内に隣接して東京メトロの車両基地、竹ノ塚検車区（現・千住検車区竹ノ塚分室）がある。現在、当駅に発着する列車は全て日比谷線直通便（夜間の北千住止まりを除く）であり、浅草方面へ向かうには西新井、北千住駅等で乗り換える必要がある。◎竹ノ塚　1966（昭和41）年6月21日　撮影：荻原二郎

第二次世界大戦後初のクロスシート車として製造されたクハ500。新製時には戦前製の国鉄型客車等に採用されたTR11型台車を履いていた。しかし、1951（昭和26）年に全車両の台車が電車用のものに交換された。浅草寄り端部に全室型の運転台を備える。運転台側は非貫通構造だった。◎竹ノ塚車庫　1953（昭和28）年8月2日　撮影：江本廣一

明治期に製造輸入された古典的な姿の蒸気機関車が貨物列車を牽引して電車道を進んで来た。半世紀余りに亘って大手私鉄の幹線でこうした光景が日常的に繰り広げられていたことは日本で他に類を見ず、数十年間で車両が代替わりする昨今の鉄道では、尚更考え難いことである。◎竹ノ塚　1953（昭和28）年8月15日　撮影：吉村光夫

竹ノ塚駅の上りホームに停まる電車は浅草行き。6300系を主体にした編成で、先頭車は三扉車のクハ360である。鋼製の屋根を被せられた半流線型の前面に、リベットで固定されたウインドウシルヘッダーを持つ武骨な車体が組み合わされた事故復旧車である。
◎竹ノ塚　1960（昭和35）年　撮影：小川峯生

東銀座の行先幕を掲出した2000系。帝都高速度交通営団（営団地下鉄【現・東京地下鉄（東京メトロ）】）日比谷線との相互直通運転に際し、対応車両として東武が開発した。1961（昭和36）年から1971（昭和46）年までの11年間に亘り160両が製造された。
◎竹ノ塚　1964（昭和39）年7月　撮影：園田正雄

竹ノ塚駅に隣接していた東武の車両基地。車両の検修機能はおおむね西新井工場に集約されていたので、車庫は滞泊車両を留め置くための簡易なものだった。帝都高速度交通営団（営団地下鉄【現・東京地下鉄（東京メトロ）】）日比谷線との相互直通運転開始に先立ち、地下鉄の車両基地が当地に置かれ、東武の施設は南栗橋へ移転した。◎竹ノ塚車庫　1952（昭和27）年11月17日　撮影：青木栄一

東武鉄道の時刻表（昭和32年）

32.6.23 訂補　　浅草―伊勢崎―日光―鬼怒川―宇都宮 電通（東武鉄道）

伊　勢　崎　線

		此間 急行 伊勢崎・葛生行1650 中央前橋・伊勢崎行1810（快速） 準急 新大間々・伊勢崎行 645.745.845 945.1045.1145 1245.1345.1445 1545.1610.1652 1715.1815.1850 1910.1945 伊勢崎行1505 館林行 535.705 805.905.1005 1105.1205.1305 1403.1603.2105 他区間運転あり				粁	円	発	着				此間 浅草行 急行伊勢崎発 555.656 葛生発 611 新大間々発 656 （中央前橋始発） 616 快速 準急伊勢崎発 612.703.745 846.946.1046 1146.1246.1346 1546.1646.1842 1712.1747.1815 1846.1948 太田発 514.531 館林発 621.700 738.911.1012 1112.1212.1312 1412.1510.1618 1710.1809		
530	2040	2140	2205	0	10	浅　草	着	649	708	820	2334	2400
533	2042	2143	2208	1.1	10	業平橋	発	646	705	818	2331	2357
535	2045	2145	2210	2.4	10	曳舟	〃	644	702	814	2328	2355
544	2054	2155	2219	7.1	20	北千住	〃	651	803	755	2320	2344
550	2100	2201	2225	11.3	30	西新井	〃	624	645	755	2314	2335
557	2107	2207	2232	17.5	40	草加	〃	616	638	748	2308	2327
605	2114	2215	2239	24.4	60	越ケ谷	〃	607	630	739	2300	2318
617	2127	2227	2257	35.3	80	春日部	〃	552	619	728	2249	2304
623	2135	2233	2257	41.0	90	杉戸	〃	545	613		2243	2257
635	2144	2242	2306	47.7	100	久喜	〃	537	604	712	2234	幸手 50
650	2159	2257	2321	58.5	130	加須	〃	521	549	655	2219	
700	2208	2307	2323	66.2	140	羽生	〃	512	540	645	2209	発
709	2217	2315	2339	72.4	150	茂林寺前	〃	504	531	636	2200	
718	2224	2320	2342	74.6	160	館林	〃	501	528	633	2157	2332
736	2242	2339		86.9	180	足利市	〃	...	510	610	2131	2313
748	2302	2350		94.7	200	太田	〃	...	500	600	2119	2303
759	2310	...		101.2	210	木崎	〃	...	541		2109	2251
806	2317	...		106.3	220	境町	〃	...	533		2059	2244
815	2326			113.3	230	新伊勢崎	〃	...	524		2048	2235
818	2329			114.3	230	伊勢崎	発	...	522		2046	2233

桐　生　線

		此間 太田発 749.855.957.1057.1157 1257.1357.1457.1557.1656 1755.1828.1933.1958.2032 2121.2136（急行）.2218		粁	円	発	着		此間 新大間々発 608 656（快速）.703.723（急行） 743.841.942.1042.1142 1242.1342.1442.1542.1642 1743.1837.1942.2041.2120	
550	644		2301	0	20	太田	着	549		2258
602	657		2315	9.7	20	藪塚	発	536		2245
610	713		2321	14.6	30	新桐生	〃	529		2238
615	717		2326	16.9	40	相老	〃	525		2232
621	723		2332	20.3	50	新大間々	発	520		2227

佐　野　線

		此間 館林発 725.826 927.1027.1127.1226.1327 1427.1523.1625.1725.1755 1818.1858.1923.1933.1959 2036.2130　佐野市行2321		粁	円	発	着		此間 葛生発 530.548 611.631.705.733.810.911 1011.1112.1212.1312.1412 1509.1611.1709.1809.1841 1904.2007.2119	
532	617		2227	0	20	館林	着	544		2252
552	634		2239	9.0	20	佐野市	発	528		2240
556	638		2243	11.5	30	佐野	〃	524		2234
607	649		2256	17.7	40	田沼	〃	514		2223
620	657		2303	22.1	50	葛生	発	507		2216

日　光　線

		此間 東武日光行 720.820.920 1020.1120.1320 1520.1620 東武日光・東武宇都宮行 1700.1752（快速） 1800 東武宇都宮行 700.800.900 1100.1200.1200 1300.1400.1500 1600.1900 新栃木行 1640.1721.1832			粁	円	発	着				此間 東武日光発 600.623 712.817 920.1020 1132.1225 1323.1420 1520.1620 1723.1824 新栃木発 522.2113 他宇都宮発 下表参照		
500	600		1900	2000	2100	0	20	浅草	着	656	748	835	2207	2548
513	614		1913	2014	2114	7.1	20	北千住	〃	643	733	820	2156	2335
519	621		1920	2020	2120	11.3	30	西新井	〃	634	724	810		2329
526	627		1927	2027	2127	17.5	40	草加	〃	625		800		2322
534	635		1936	2035	2135	24.4	60	越ケ谷	〃	616		752		2314
546	647		1947	2047	2147	35.3	80	春日部	〃	604	652	740	2127	2302
553	655		1955	2055	2155	41.0	90	杉戸	〃	557	645	733	2121	2255
559	702		2001	2101	2201	46.8	110	幸手	〃	550	637	726		2247
609	712		2012	2112	2211	54.9	120	栗橋	〃	540	627	715		2237
617	719		2019	2119	2219	61.6	120	新古河	〃	532	619	707		2230
628	730		2030	2130	2229	70.5	150	藤岡	〃	522	608	656		2219
646	748		2050	2150	2248	85.9	180	栃木	〃	504	550	638	2036	2200
652	754		2056	2156	2252	88.9	190	新栃木	〃	500	546	634	2032	2157
704	806		2108	2208		97.6	200	東武金崎	〃		531	620	2020	2143
710	812		2113	2214		102.7	210	楡木	〃	宇発 505	525	614	2015	2137
718	822		2121	2221		107.8	220	新鹿沼	〃	都宮	518	607	2008	2130
749	854		2152			128.4	260	今市	〃		...	539	1937	2056
800	904		2202			135.5	270	東武日光	着		528		1929	2048

宇　都　宮　線

		此間栃木発 609.653.711 805.904.1004.1104.1203 1257.1403.1503.1545.1603 1701.1759.1837.1857.1932 1958.2058		粁	円	発	着		此間 宇都宮発浅草行 531.556 628（快速）.652.756.854.954 1054.1153.1253.1353.1453.1553 1650.1747.1833.1856.1950.2113 新栃木行2036	
524			2158	0	円	新栃木	着	536		2238
536			2208	7.3	20	壬生	発	527		2228
552			2223	18.3	40	西川田	〃	521		2213
555			2226	20.5	50	江曽島	〃	511		2210
603			2233	24.4	60	東武宇都宮	発	505		2204

鬼　怒　川　線

		此間 下今市発 701.806 856.959.1103.1202.1303 1406.1501.1612.1703.1801 1902.1954		粁	円	発	着		此間 新藤原発 642.750 850.953.1055.1158.1247 1351.1456.1555.1657.1756 1857	
601			2106	0	円	下今市	着	632		2035	2151
617			2120	7.1	20	新高徳	発	617		2019	2133
631			2136	13.6	30	鬼怒川温泉	〃	605		2005	2121
638			2144	16.2	40	新藤原	発	557		1958	2112

矢　板　線

									粁	円	発	着								
...	...	5 40	7 25	11 25	15 50	19 25	0	20	新高徳	着	7 00	10 22	15 02	18 48	21 01	...	...
...	...	5 57	7 43	11 43	16 08	19 43	7.8	20	船生	発	6 42	10 14	14 44	18 20	20 43	...	...
...	...	6\16	8 05	12 05	16 40	20 04	14.0	40	玉生	〃	6 22	9 41	14 21	18 07	20 20	...	...
...	...		8 29	12 29	16 55		23.5	60	矢板	発		9 10	13 50	17 35		...	...

伊勢崎線等における指定座席券料金等無料の優等列車等を記載した1957（昭和32）年当時の時刻表。伊勢崎、舘林等を始発とする準急が多く設定されていた。宇都宮では浅草へ直通する列車が朝夕の時間帯を中心に幾本も運転されていた。

2章
スカイツリーライン
（埼玉県区間）

◎北春日部　1967（昭和42）年7月26日　撮影：矢崎康雄

谷塚

【所在地】埼玉県草加市谷塚１−１−22　【開業】1925（大正14）10月１日　【キロ程】15.9km（浅草起点）　【ホーム】１面４線（通過線２線を含む）
【乗降人員】38,681人（2019年度１日平均）

伊勢崎線が毛長川を渡り、東京都内から草加市へ入った谷塚町内に設置された谷塚駅。隣の草加駅が伊勢崎線の創業時に開設されたのに対し、大正末期になって開業した。駅の所在地である谷塚町が草加町、新田村と合併し、新たに草加町として町制を施行したのは1955（昭和30）年の元日だった。◎谷塚　1966（昭和41）年６月21日　撮影：荻原二郎

運転台側の屋上に集電装置を載せたモハ5430形を先頭にした６両編成。車体の塗色をブドウ色から新塗装に変更している。モハ5430形は第二次世界大戦後に私鉄各社で車両不足が生じた折に新製された、運輸省規格型車両の元モハ5300形。更新時に制御機器、電動機を他車両から流用して誕生した形式である。◎谷塚　1966（昭和41）年６月21日　撮影：荻原二郎

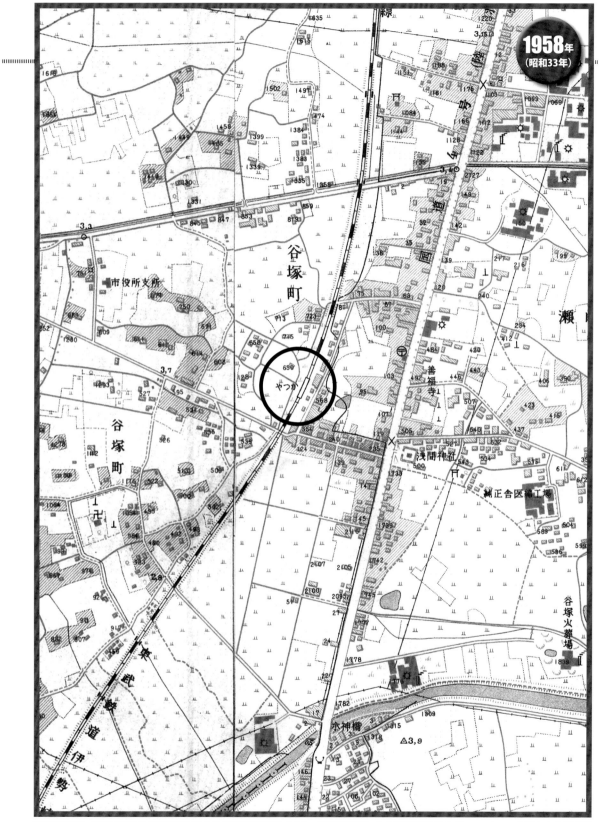

1958年
（昭和33年）

谷塚町

市役所支所

谷塚町

卍

東武鉄道伊勢

瀬口

善福寺

浅間神社

正舎医薬工場

谷塚火葬場

水神橋

やつか

△3,9

【谷塚付近】 戦後の1958（昭和33）年の谷塚付近の地図であり、谷塚駅周辺にもまだ住宅地は広がっていない。右側を走る日光街道（国道4号）は、1967（昭和42）年に草加バイパスが開通したことで、現在は埼玉県道49号となっている。北足立郡にあった谷塚町は1955（昭和30）年に草加町、新田村と合併して、草加市の一部に変わっている。

草加

【所在地】埼玉県草加市高砂2-5-25　【開業】1899（明治32）年8月27日　【キロ程】17.5km（浅草起点）　【ホーム】2面6線（通過線2線を含む）
【乗降人員】88,682人（2019年度1日平均）

駅構内が地上にあった頃の草加駅舎。東京都に隣接し鉄道利用客が多い草加市の玄関口らしく、出入り口が広く取られている。駅舎の至近にバスやタクシーが停車しており、バス乗降場等、駅前周辺の施設整備が未だ途上であることを窺わせる。
◎草加　1966（昭和41）年6月21日　撮影：荻原二郎

浅草行きの行先幕を掲出して待避線ホームに停車する8000系。昭和40年代に入っても増備が続いていた、4枚扉の通勤型電車は新製時に近い姿だ。正面の貫通扉には行先表示板等を差し込む枠を備える。冷房装置は未だ搭載されていない。
◎草加　1966（昭和41）年6月21日　撮影：荻原二郎

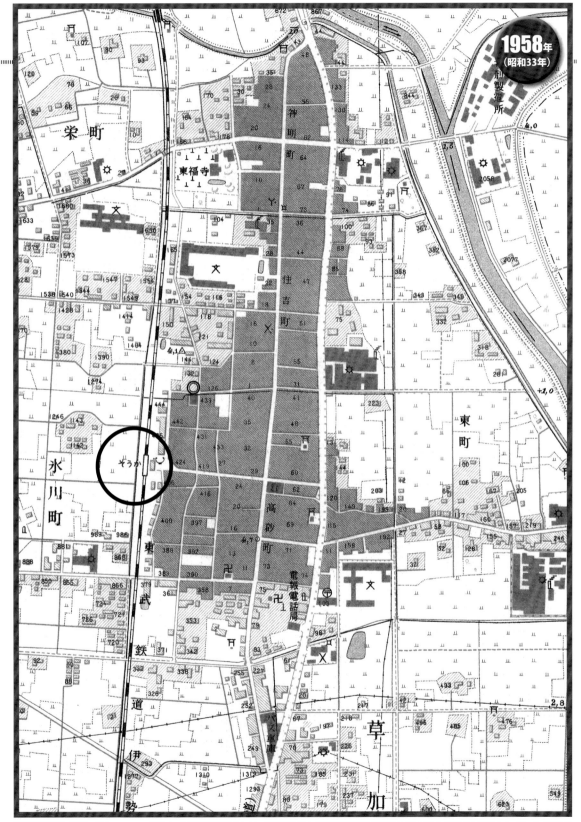

1958年
(昭和33年)

【草加付近】「草加せんべい」で知られる埼玉県草加市は、江戸時代には日光街道の第二の宿である草加宿が置かれていた場所である。その後、東武伊勢崎線が開業したことで、日光街道（現・埼玉県道49号）と東武線の間に市街地が発展していった。この時期、草加駅の北東には市役所が置かれ、その北には草加小学校がある。一方、東武線の西側は農地が多かった。

【草加駅付近の空撮】
営団地下鉄（現・東京メトロ）日比谷線と相互直通運転が行われるように
なった東武伊勢崎線では、1960年代に都内区間の高架化が進み、1970年
代に入ると埼玉県内でも高架化と複々線化が進められた。1974（昭和49）
年に関東の私鉄では初の複々線区間として、北千住〜竹ノ塚間が完成し、続
けて竹ノ塚駅以北の区間でも工事は行われた。これは高架・複々線化工事
が行われていた草加駅付近の空撮で、竹ノ塚〜草加間の工事は1988（昭和
63）年に完成する。◎1976（昭和51）年　提供：朝日新聞社

獨協大学前 （旧・松原団地）

【所在地】埼玉県草加市松原１－１－１ 【開業】1962（昭和37）年12月１日 【キロ程】19.2km（浅草起点） 【ホーム】１面４線（通過線２線を含む）
【乗降人員】59,443人（2019年度１日平均）

草加市の北部に建設された大規模賃貸住宅の草加松原団地。東洋一と謳われた造成地の東側を通る伊勢崎線に松原団地駅が開業したのは、団地の第一期入居募集に先行した1962（昭和37）年12月1日。また同年5月31日には伊勢崎線と営団地下鉄（現・東京メトロ）日比谷線との間で相互直通運転が始まった。◎松原団地　1966（昭和41）年6月21日　撮影：荻原二郎

草加市内に造成され、1962（昭和37）年に入居を開始した草加松原団地は「東洋最大規模」と言われた。その翌々年に団地に隣接する形で獨協大学が開校した。東武鉄道としては「大学のあるまち」として周辺のイメージアップを図るべく草加松原を副駅名とすることにし、2017年に獨協大学前に駅名を改称した。◎松原団地　1963（昭和38）年　撮影：山田虎雄

新田

【所在地】埼玉県草加市金明町道下263ー2　【開業】1899（明治32）年12月20日　【キロ程】20.5km（浅草起点）　【ホーム】1面4線（通過線2線を含む）
【乗降人員】31,295人（2019年度1日平均）

当駅名は開業当時、近隣地九つの
村を合併した際、近世開発新田が
多かったことから「新田村」と名が
付き、それが駅名の由来となった。
島式ホームの高架駅であり、東口
駅前から少し離れた場所に新田駅
バスターミナルがある。
◎新田　昭和30年代
提供：草加市

蒲生

【所在地】埼玉県越谷市蒲生寿町16−17　【開業】1899（明治32）年12月20日　【キロ程】21.9km（浅草起点）　【ホーム】1面4線（通過線2線を含む）
【乗降人員】17,476人（2019年度1日平均）

直線区間を軽快に飛ばし、蒲生駅構内に差し掛かった1720系の特急列車。「きぬ」は鬼怒川線発着の特急に付けられた名称で日光
線発着の特急「けごん」と対を成す東武の看板列車だ。ひらがな表記の列車名は鬼怒川線沿線を流れる鬼怒川に由来する。
◎蒲生　1970（昭和45）年　撮影：小川峯生

「蒲」の文字が示すように、当地は低地帯である。開業したのは1899（明治32）年と歴史のある駅で、開業時は現在よりも越谷方に
駅舎があった。1995（平成7）年に高架化され高架下は駐車場・駐輪場として利用されている。
◎蒲生　1984（昭和59）年　撮影：山田虎雄

建設省地理調査所「1/25000地形図」

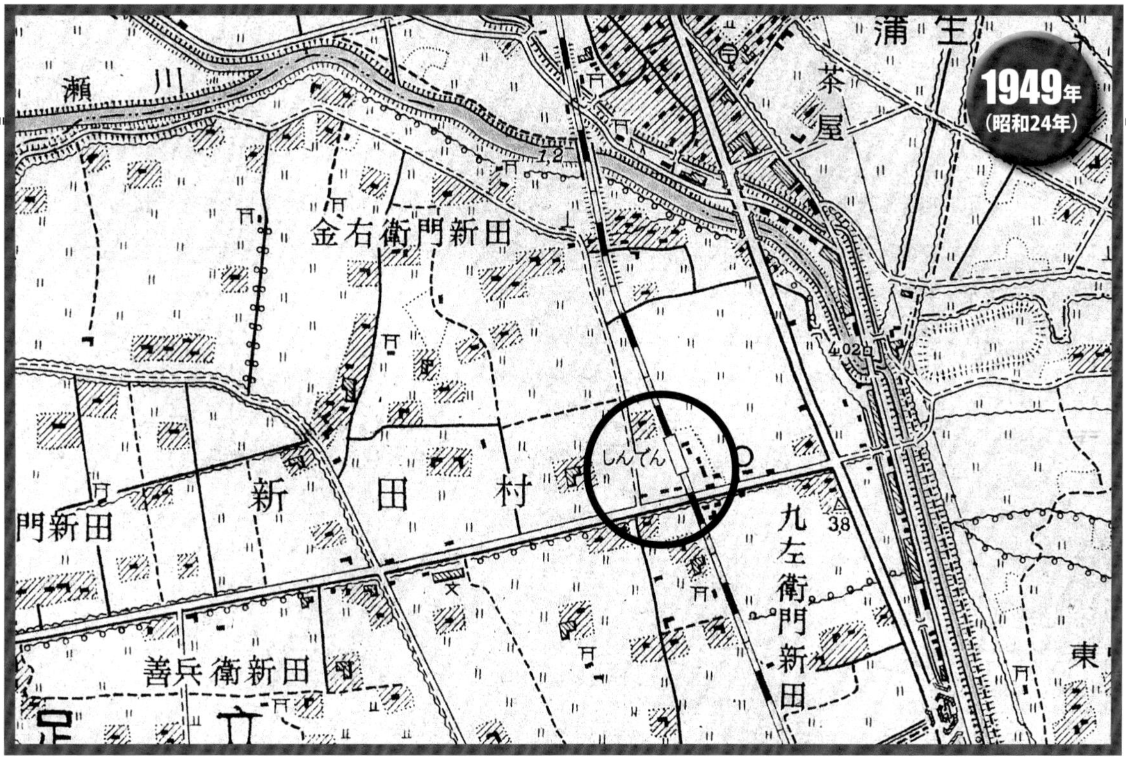

【新田付近】 現在の草加市の北部にあたる、新田駅周辺の1949（昭和24）年の地図である。この当時は北足立郡の新田村で、1955（昭和30）年に草加市の一部となっている。「新田」の名称の通り、ここには金右衛門新田、善兵衛新田、九左衛門新田など新田の名称を含む9村があり、1889（明治22）年に合併して新田村となっていた。

建設省地理調査所「1/25000地形図」

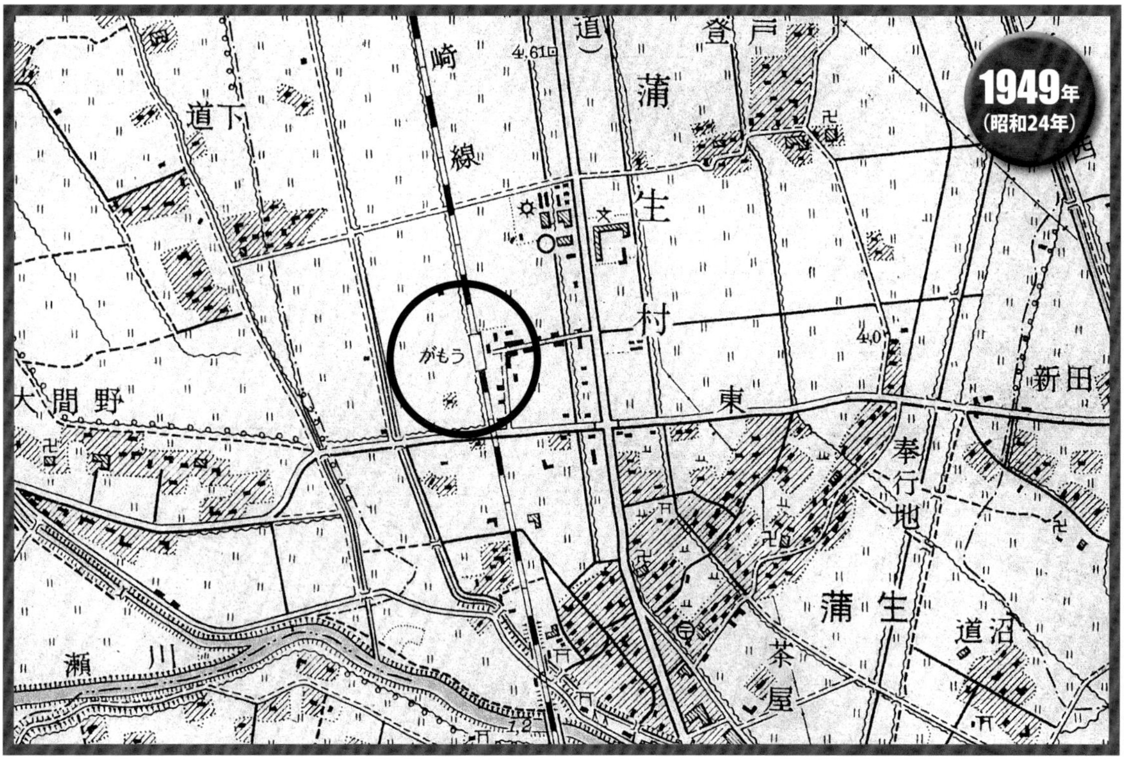

【蒲生付近】 南側を綾瀬川が流れる蒲生付近、1949（昭和24）年の地図である。蒲生駅の南西（越谷市蒲生本町）で、日光街道（現・埼玉県道49号）沿いに見える「卍」の地図記号は、真言宗智山派の寺院、清蔵院で、山門には左甚五郎作といわれる龍の彫刻が残されている。この当時には南埼玉郡の蒲生村で、1954（昭和29）年に越谷市の一部となっている。

新越谷

【所在地】埼玉県越谷市南越谷1－11－4

【開業】1974（昭和49）年7月23日
【キロ程】22.9km（浅草起点）
【ホーム】2面4線
【乗降人員】
151,316人（2019年度1日平均）

【南越谷・新越谷駅付近の空撮】
この空撮写真が撮影された1973（昭和48）年3月から1か月がたった、1973年4月には、国鉄（現・JR）武蔵野線の府中本町～新松戸間が開通し、南越谷駅が開業する。翌年1974年7月には交差する場所に、東武伊勢崎線の新越谷駅が開設されることになる。その後、1998（平成10）年に5階建ての新駅舎が竣工し、駅ビルがオープンした。
◎1973（昭和48）年
提供：毎日新聞社

30000系は10000系列の後継車として、10000系との連結が可能で、かつ地下鉄半蔵門線～東急田園都市線相互直通も可能な
地上・地下両用通勤車両として伊勢崎線に誕生した系列である。◎新越谷　1999（平成11）年5月1日　撮影：荻原二郎

国鉄（現・JR）武蔵野線南越谷駅南側ロータリーの全景。新越谷駅は右手に位置する。越谷の名がつく駅が東武鉄道には「越谷」
「北越谷」「新越谷」と3駅ある。武蔵野線には南越谷駅の他に越谷レイクタウン駅が2008（平成20）年に開業した。
◎新越谷　1979（昭和54）年　提供：越谷市

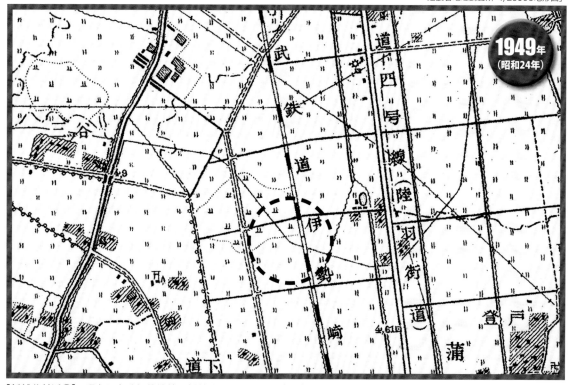

【新越谷付近①】 現在は東武伊勢崎線の新越谷駅、JR武蔵野線の南越谷駅が誕生して、賑やかな街となっているこのあたりも、この1949（昭和24）年当時は両駅とも存在せず、ただ田畑が広がる場所だった。地名（住所表示）についても「新越谷」「南越谷」が生まれ、古い地名が姿を消してゆく中で、右下に見える「登戸」は現在、越谷市登戸町として残っている。

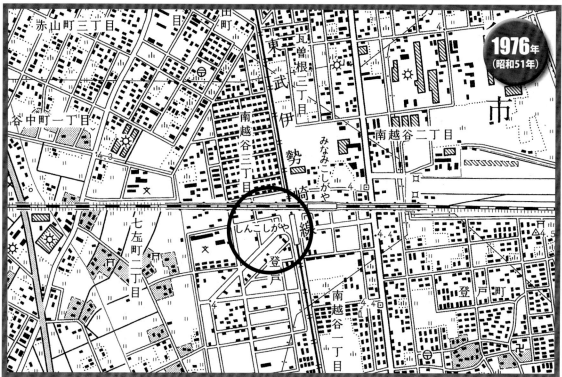

【新越谷付近②】 この1976（昭和51）年の地図では、東武伊勢崎線の新越谷駅、JR武蔵野線の南越谷駅が開業して、周囲に住宅地、市街地が誕生している。両駅の西側に見える2つの「文」の地図記号は、駅に近い方が越谷市立南越谷小学校、遠い方が富士中学校である。南越谷駅の東側に広がっているのは、1973（昭和48）年に開業した越谷貨物ターミナル駅。

越谷

【所在地】埼玉県越谷市弥生町４－11　【開業】1920（大正９）年４月17日（越ヶ谷）　【キロ程】24.4km（浅草起点）　【ホーム】２面６線（通過線２線を含む）
【乗降人員】50,714人（2019年度１日平均）

構内が地上にあった時代には瓦屋根の木造駅舎が正面玄関であった越谷駅。伊勢崎線の開業当初は隣町の大沢町で「越ケ谷駅（現・北越谷駅）」が開業した。その後、越谷町（現・越谷市）を挙げての駅誘致運動が結実し、1920（大正9）年に「越ケ谷駅」が東武初の請願駅として誕生した。◎越谷　1965（昭和41）年12月19日　撮影：荻原二郎

【越谷町（現・越谷市）の空撮】
東武伊勢崎線が元荒川を渡る越谷町（現・市）の空撮写真で、中央付近を走るのは日光街道（現・県道49号）である。越谷駅が置かれているのは右下方向になる。越谷町はこの写真が撮影された6年後の1958（昭和33）年に市制を施行して、越谷市になっている。写真手前は現・越谷市宮本町であり、中央付近の元荒川が大きく湾曲する付近は御殿町という古い地名が残っている。その間にある地域（中央下）は越ヶ谷本町である。◎1952（昭和27）年　提供：朝日新聞社

北越谷

【所在地】埼玉県越谷市大沢３－４－23　【開業】1899（明治32）年８月27日　【キロ程】26.0km（浅草起点）　【ホーム】２面４線
【乗降人員】53,007人（2019年度１日平均）

地下鉄日比谷線との相互直通運転が開始された当初、北越谷駅は東武側の始発終点となった。駅の出入り口には直通運転を祝う看板が建てられた。看板には「北越谷－人形町」と大書きされ、「地下鉄日比谷線」は人形町の下に小さめの文字で記載されている。◎北越谷　1962（昭和37）年５月　撮影：東武鉄道

【北越谷付近】1928（昭和３）年の地図に見える武州大沢駅は、1899（明治32）年８月に越ヶ谷駅として開業。1919（大正８）年11月に武州大沢駅に改称し、1956（昭和31）年12月に現駅名の「北越谷」となった。ここはもともと南埼玉郡大沢町で、現在は越谷市であるが、開業当初は南側の越ヶ谷町の最寄り駅として「越ヶ谷」を名乗っていた。

建設省地理調査所「1/25000地形図」

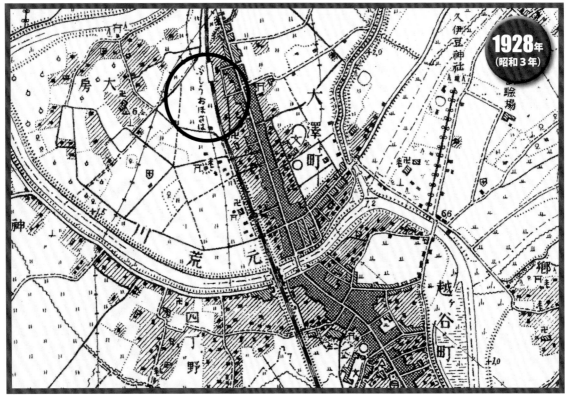

大袋

【所在地】埼玉県越谷市袋山1200　【開業】1926（大正15）年10月1日　【キロ程】28.5km（浅草起点）　【ホーム】2面2線
【乗降人員】18,687人（2019年度1日平均）

建設省地理調査所「1/25000地形図」

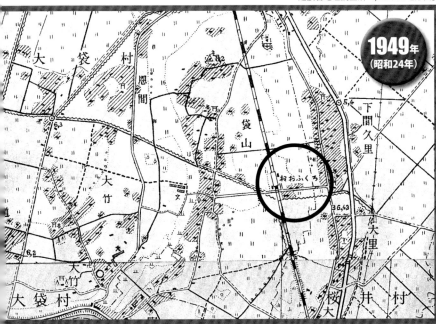

1949年
（昭和24年）

【大袋付近】1949（昭和24）年の大袋付近の地図で、当時は東武伊勢崎線には北側のせんげん台駅は置かれておらず、南側の武州大沢（現・北越谷）駅とも2.5キロとやや離れていた。大袋駅の周辺には農地が広がっており、東側の日光街道沿いの方に人家は多い。現在は駅東側で旧国道・日光街道（県道49号）と草加バイパス（現・国道4号）が交差している。

大袋駅の長閑なホームの光景。当時も今も相対式2面2線の構造である。2013年夏まで改札口は東口のみであったが同年10月に橋上駅舎が完成した。
◎大袋　1961（昭和36）年
撮影：竹中泰彦

せんげん台

【所在地】埼玉県越谷市千間台東1−62−1
【開業】1967（昭和42）年4月15日
【キロ程】29.8km（浅草起点）
【ホーム】2面4線
【乗降人員】
57,414人（2019年度1日平均）

かまぼこ状の屋根を持つ橋上駅舎と平屋の木造住宅が同居する光景は、街並みが近代的に様変わりする途上にあることを窺わせていた。また駅構内よりも一世代前の施設に見える鋼製トラスで組まれた架線柱の下を走る電車は、戦前生まれの車両を更新改造したもので編成され、華やかな特急電車と合わせて趣味人の興味をそそった。
◎せんげん台　1964（昭和39）年7月
撮影：園田正雄

越谷市の北部郊外に造成された新興住宅街の鉄道玄関口として1967（昭和42）年4月15日に開業したせんげん台駅。開設当初から橋上駅舎を備えていた。また二面ある島式ホームの外側に上下線各々の待避線を持つ、左右対称な構内線形だった。
◎せんげん台　1970（昭和45）年5月
撮影：小川峯生

【せんげん台駅付近の空撮】
1967（昭和42）年4月、東武伊勢崎線に新しく開業
したせんげん台駅付近の空撮で、開業から2年たった
1969（昭和44）年4月の撮影時にも、まだ駅周辺の
整備が進んでいなかった。写真手前は越谷市千間台
東・西で、奥は春日部市大枝・大畑である。奥に見え
るのは日本住宅公団（現・UR都市機構）の武里団地
で、1963（昭和38）年に竣工、1966（昭和41）年か
ら管理開始されている。現在、駅周辺はすべて住宅
地に変わり、マンションなどが建っている。
◎1969（昭和44）年　提供：朝日新聞社

武里、一ノ割

武里 【所在地】埼玉県春日部市大場450　【開業】1899（明治32）年12月20日　【キロ程】31.1km（浅草起点）　【ホーム】2面2線
【乗降人員】15,804人（2019年度1日平均）

一ノ割 【所在地】埼玉県春日部市一ノ割1-1-1　【開業】1926（大正15）年10月1日　【キロ程】33.0km（浅草起点）　【ホーム】2面2線
【乗降人員】18,063人（2019年度1日平均）

武里駅付近で4連の350系の回送列車がやってきた（6連は300系として区別）。この車両は急行「りょうもう」用の1800系に、日光
線等の勾配区間対策として発電ブレーキ、抑制ブレーキを追加した改造車両である。
◎武里　1998（平成10）年5月1日　撮影：荻原二郎

小ぢんまりとした木造駅舎に売店やラッチを備えた改札口等がまとめられた一ノ割駅。駅は鉄道利用者以外の周辺住民にとって
も、買い物や小荷物の送付に訪れる日常生活の一部だった。軒下に置かれたアイスクリーム等を入れる冷凍ケースは寒い時期故に
休眠中である。◎一ノ割　1965（昭和41）年12月19日　撮影：荻原二郎

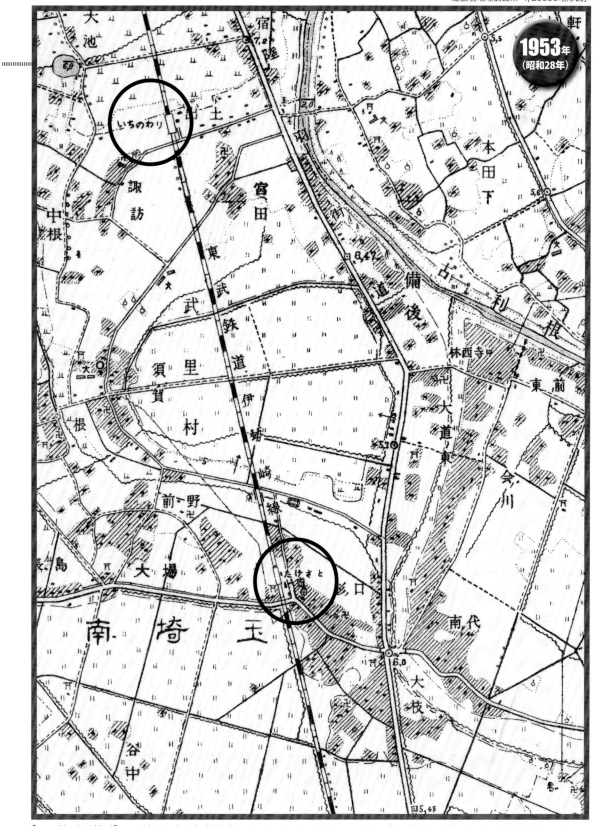

1953年
（昭和28年）

【一ノ割・武里付近】この付近の東武伊勢崎線は真っすぐに北西に向かっており、春日部駅の手前で西寄りに進路を変えることとなる。東側には陸羽街道（奥州街道）が走り、古利根川が流れている。現在、武里、一ノ割駅は春日部市に置かれているが、この時期（1953年）には南埼玉郡の武里村に所属し、武里村は1954（昭和29）年の合併により春日部市となっている。

【武里団地の空撮】
1967（昭和42）年7月、東武伊勢崎線沿いにくっきりと姿を現している、日本住宅公団（現・UR都市機構）の巨大団地、武里団地である。武里駅とせんげん台駅を最寄り駅とする武里団地は、1963（昭和38）年に竣工し、1966（昭和41）年から管理開始されている。9つの街区・約6000戸のマンモス団地で、ほとんどが賃貸住宅であり、南側の5街区が分譲住宅だった。その規模から、当時は「東洋一の団地」と呼ばれていた。
◎1967（昭和42）年　提供：朝日新聞社

春日部

【所在地】埼玉県春日部市粕壁１−10−１　【開業】1899（明治32）年８月27日　【キロ程】35.3km（浅草起点）　【ホーム】３面７線（通過線２線を含む）
【乗降人員】71,071人（2019年度１日平均）

多くの機関車を抱え、鉄道貨物輸送が盛んであった頃、東武では小回りの利く自動車を用いた貨物輸送にも力を入れていた。東武通運株式会社は1942（昭和17）年に発足し、東武沿線等に60か所以上の支店を設置していた。春日部支店は春日部駅前にあった。
◎春日部駅東口駅前
1962（昭和37）年頃
撮影：東武鉄道

コートに身を包んだ人達がせわしなく歩く師走の春日部駅前。貨物用の側線が並ぶ構内の西側に出入り口が造られる前で、画面の駅舎が唯一の出入り口であった時代だ。建物は壁面を始め窓枠等の建具類も木造。出入り口付近に売店があり、「たばこ」と記載された看板が掲げられていた。◎春日部　1965（昭和40）年12月19日　撮影：荻原二郎

東武スカイツリーラインとアーバンパークラインの中核駅である春日部。撮影当時は東口の駅舎近くまで路線バスが乗り入れている。現在、当駅には東西の自由通路はなく行き来は不便で分断された状況なので、解消するため早期の高架化が望まれている。
◎春日部　1973（昭和48）年　提供：春日部市

建設省地理調査所「1/25000地形図」

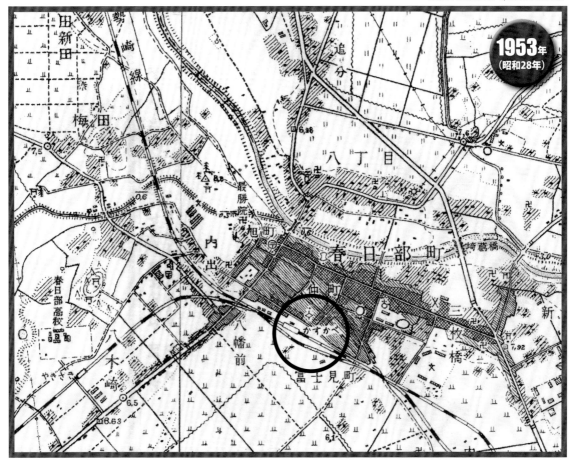

【春日部付近】1953（昭和28）年、春日部町だった時代の春日部駅周辺の地図である。この春日部駅では、東武伊勢崎線と野田線が接続しており、駅の北側かつ古利根川の南側に市街地が発達していた。一方、駅の南西部に農地が広がる中、野田線の八木崎駅付近には埼玉県立春日部高校が存在している。また、この学校の北側には春日部八幡神社が見える

単行で改称前の粕壁（現・春日部）駅に停車する電車はデハ5。伊勢崎線の全線電化が完了し、大量の電車が必要となった昭和初期に製造された昭和2年〜4年系と呼ばれる車両に属する。主要機器はデッカーシステムと呼ばれたイングリッシュ・エレクトリック社製品、もしくは同社ライセンスの国内生産品を採用した。◎粕壁　1939（昭和14）年6月5日　撮影：荻原二郎

ホームに停車中のモニ1470形。後方では荷物の整理が行われている模様。モニ1472は大正末期に製造されたデハ101形の一両であるモハ1401を、1964（昭和39）年に荷物電車へ改造して誕生した車両。写真は1966（昭和41）年に各部の更新改造を施工された後の姿だ。◎春日部　1967（昭和42）年7月26日　撮影：矢崎康雄

駅舎側のホームで列車を待つ大勢のお客を眺めつつ、電車用に嵩上げされたホームに貨物列車が停まっていた。最後尾に連結された緩急車はヨ101。二軸無蓋車を杉戸工場で改造した車両で42両が製造された。車体は淡い緑色に塗られていた。
◎春日部　1965年（昭和40）12月19日　撮影：荻原二郎

二軸貨車を連ねた貨物列車の先頭に立つED3000形。元は北総鉄道（後の総武鉄道、現在の北総鉄道とは関係ない）が1929（昭和4）年に新製導入したデキ1形である。英国イングリッシュ・エレクトリック社製で3両が製造された。総武鉄道が東武と合併した際、ED12形に改番され、1955（昭和30）年にED3000形と再改番された。◎春日部　1957（昭和32）年1月15日　撮影：荻原二郎

東武では創業期より国鉄5500形と同形の英国ベイヤー・ピーコック社製の2B形蒸気機関車を導入し、B-1形として客貨輸送に充当
した。54号機は第二次世界大戦後に旧国鉄から譲り受けた車両。1963（昭和38）年まで貨物列車の牽引に活躍した。
◎春日部　1957（昭和32）年1月15日　撮影：荻原二郎

凸型の小柄な車体が愛らしいED4020形。1947（昭和22）年から東京芝浦電気（現・東芝）で製造された、元ED45形である。1951
（昭和26）年に改番された。上部が傾斜したボンネットを両側に備える凸型の車体は第二次世界大戦中から戦後にかけて製造され
た東芝製電気機関車に多く見られる仕様だ。◎春日部　1957（昭和32）年1月15日　撮影：荻原二郎

ランボード上の動輪カバーに貼られた製造銘板が輝く46号機。明治期に官設鉄道が輸入した英国ニールソン社製の6200形を大正期に旧国鉄から譲り受けて使用した。東武は炭水車を備えた2B形蒸気機関車を私鉄の中で最も多く保有していた。
◎春日部　1957（昭和32）年1月15日　撮影：荻原二郎

ブドウ色の旧型電車を連ねた編成には、昭和30年代の都市鉄道らしいくぐもった香りが漂う。先頭のモハ3238形は集電装置を屋上に二組載せた両運転台車という迫力ある風貌。同車両は1963（昭和38）年に発生した踏切事故で破損し、修復の際に片運転台車となった。◎春日部　1957（昭和32）年1月15日　撮影：荻原二郎

【春日部町(現・春日部市)の空撮】
手前中央を東武伊勢崎線、左側を東武野田線が走る、1954 (昭和29)
年6月の春日部町 (現・市) の空撮写真である。1944 (昭和19) 年に南埼
玉郡の粕壁町と内牧村が合併して成立した春日部町は、この1954年7月
に4村と合併して市制を施行し、春日部市となる。手前右側に見えるのは
現・春日部市立粕壁小学校。1871 (明治4) 年に粕壁学校として開校した
この学校は、現在も「粕壁」の校名を守っている。現在は北西に春日部市
郷土資料館が誕生している。◎1954 (昭和29) 年　提供：朝日新聞社

北春日部、姫宮

北春日部

【所在地】埼玉県春日部市梅田本町１－13－１

【開業】1966（昭和41）年９月１日

【キロ程】36.8km（浅草起点）

【ホーム】１面５線（通過線３線を含む）

【乗降人員】
10,406人（2019年度１日平均）

姫宮

【所在地】埼玉県南埼玉郡宮代町川端１－１－１

【開業】1927（昭和２）年９月１日

【キロ程】38.4km（浅草起点）

【ホーム】２面２線

【乗降人員】
5,215人（2019年度１日平均）

春日部検修区の開設に合わせて1966（昭和41）年に開業した北春日部駅。開業当初より東西口を結ぶ連絡橋と橋上駅舎を備えていた。構内へ単行の荷物列車が入って行く。昭和40年代前半の姿は通勤型電車等と同じロイヤルベージュとインターナショナルオレンジの二色塗装だった。◎北春日部　1967（昭和42）年７月26日　撮影：矢崎康雄

クエ7000形。3000系への更新で余剰となったモハ3210形の車体を改造した救援車だ。車体の中央部を無蓋化し、クレーン等の復旧作業用機器を搭載した。動力を持たない制御車だが、機材、照明等の電源を確保するために集電装置と電動機を装備していた。◎北春日部　1967（昭和42）年５月18日　撮影：矢崎康雄

建設省地理調査所「1/25000地形図」

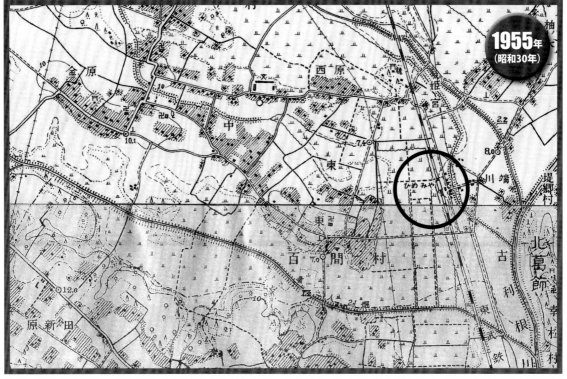

【姫宮付近】 東武伊勢崎線は、南埼玉郡宮代町の東側を縦断して北に進んでゆく。この町に置かれている姫宮駅は、1927（昭和2）年9月に開業している。地図の右下、古利根川より東側は北葛飾郡の杉戸町であるが、この杉戸町は北西に大きく広がっており、姫宮駅の北側の隣駅である東武動物公園駅は、1981（昭和56）年3月まで杉戸を名乗っていた。

東武動物公園 (旧・杉戸)

【所在地】埼玉県南埼玉郡宮代町百間２－３－24　【開業】1899 (明治32) 年８月27日　【キロ程】41.0km (浅草起点)　【ホーム】２面４線
【乗降人員】31,354人 (2019年度１日平均)

東武動物公園駅に改称される前の杉戸駅時代の光景。伊勢崎線と日光線が分岐する拠点駅であるが、当時は瓦葺き、平屋建ての小さな駅舎であり、上下線ホームを跨線橋で結んでいた。
◎杉戸　1970年代後半
撮影：山田虎雄

「さち」は日光線と鬼怒川線へ向かう列車を併結した特急。列車名は中禅寺湖の別名である「幸の湖」に由来する。お盆の最中、杉戸 (現・東武動物公園) 駅に２両編成の5700系がヘッドマークを掲げて停まっていた。ホーム上の学生達に用意された、団体専用列車だったのだろうか。◎杉戸　1953 (昭和28) 年８月16日　撮影：荻原二郎

杉戸（現・東武動物公園）は日光線との分岐駅。乗務交代のために、七つ道具を抱えた乗務員がホームへ出て列車を出迎えた。入線して来た準急列車の先頭には古めかしい郵便合造車が連結されていた。ウインドウシルヘッダーに挟まれた小さな窓の配置や丸屋根上のお椀型ベンチレーターが大正生まれの車両であることを窺わせた。◎杉戸　1959（昭和34）年6月13日　撮影：荻原二郎

帝国陸軍参謀本部陸地測量部「1/50000地形図」

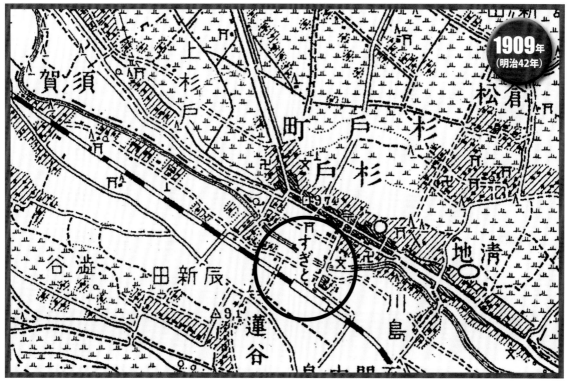

【杉戸付近】 1909（明治42）年の杉戸（現・東武動物公園）駅付近の地図である。北側は北葛飾郡の杉戸町であるが、駅のある南側は南埼玉郡の百間村（現・宮代町）である。これは、杉戸駅が古利根川の東側に広がる杉戸町の玄関口（最寄り駅）であったことを示している。1981（昭和56）年3月、東武動物公園の開園で、現在の駅名（東武動物公園）に変わった。

杉戸機関区に停車している30号。東武の蒸気機関車は、開業から1924（大正13）年の電化まではすべての旅客、貨物列車を牽引し、電化後も貨物列車では長く使用された。後に貨物列車の電化が進められ、1966（昭和41）年に全廃された。
◎杉戸機関区　1957（昭和32）年10月20日　撮影：荻原二郎

杉戸（現・東武動物公園）駅は貨物輸送が華やかりし頃の鉄道拠点であり、車両基地や操車場が置かれた。東武に所属した蒸機機関車にとっては、現役末期までかけがえのない寝庫だった。転車台に乗る30号機は東武Ｂ３形。1914（大正３）年に英国ベイヤー・ピーコック社で６両が製造された。◎杉戸機関区　1957（昭和32）年10月27日　撮影：江本廣一

石炭の積込場にいる60号機と61号機。官設鉄道からの払い下げ機であり英国ネルソン社製である。運転台窓が四角いピーコック社製に対してネルソン社製は丸かった。◎杉戸機関区　1954（昭和29）年　撮影：竹中泰彦

東武鉄道に舶来SLが走っていた時代の光景。入れ換え作業中の25号機はアメリカのボールドウィン社製で電化前の伊勢崎線で活躍したが、1958（昭和33）年にまでに廃車された。◎杉戸機関区　1954（昭和29）年　撮影：竹中泰彦

和戸 （伊勢崎線）

【所在地】埼玉県南埼玉郡宮代町和戸１－１－１　【開業】1899（明治32）年12月20日　【キロ程】43.9km（浅草起点）　【ホーム】1面２線
【乗降人員】4,102人（2019年度１日平均）

日光線が分岐する杉戸（現・東武動物公園）の伊勢崎方、一つ隣に建つ和戸駅。伊勢崎線として北千住～久喜間が開業した1899（明治32）年、本線の開業から遅れて12月に仮乗降場として開業した。開業時は現所在地よりも久喜寄りにあった駅施設が、大正期に移転した。
◎和戸　1968（昭和43）年10月5日　撮影：荻原二郎

【和戸付近】古利根川の西側に細長く広がる宮代町の北側に置かれている東武伊勢崎線の和戸駅。この宮代町は1955（昭和30）年に南埼玉郡の百間村と須賀村が合併して成立している。一方、古利根川の東側は北葛飾郡の高野村で、1955年に杉戸町、田宮村などと合併し、杉戸町の一部となった。現在、東武日光線には杉戸高野台駅が置かれている。

建設省地理調査所「1/25000地形図」

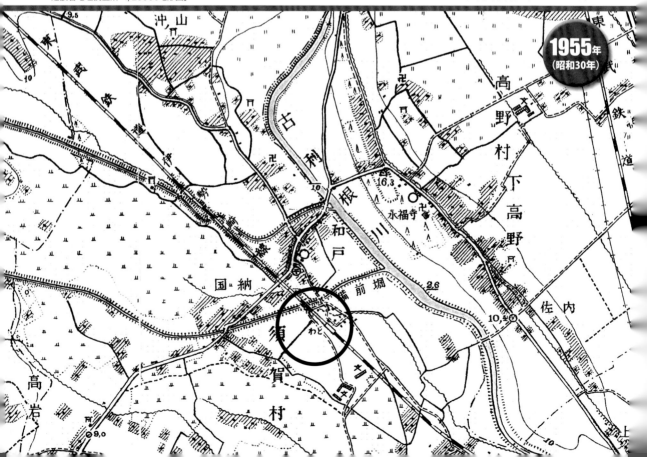

久喜（伊勢崎線）

【所在地】埼玉県久喜市久喜中央２－１－１　【開業】1899（明治32）年８月27日　【キロ程】47.7km（浅草起点）　【ホーム】２面４線
【乗降人員】51,656人（2019年度１日平均）

伊勢崎線と旧国鉄（現・JR東日本）東北本線の連絡駅久喜。画面奥に腕木式信号機が建つ第二次世界大戦前の情景だ。デ５形とク
ハニ２形に挟まれた二重屋根の車両はサハ14。東武所有の客車を付随車化した「電車」で、第二次世界大戦後に制御車、電動車へ
更新化改造された。◎久喜　1936（昭和11）年４月11日　撮影：荻原二郎

建設省地理調査所「1/25000地形図」

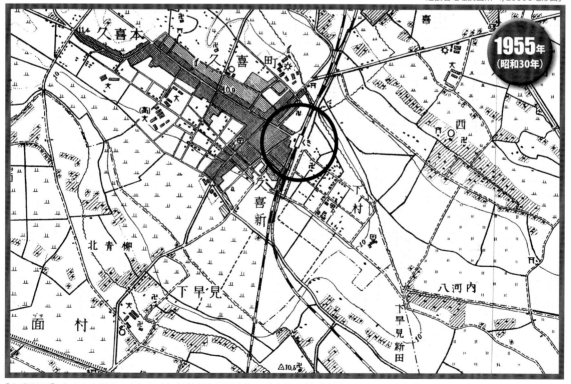

【久喜付近】南東から進んできた東武伊勢崎線と国鉄（現・JR）東北本線が合流する形になる久喜駅周辺の地図である。1955（昭和
30）年、この地図が出来た頃には、市街地は駅西側のごく一部だった。その後、駅周辺は開発され、市街地も大きく広がっている。駅の
東側に見える「卍」の地図記号は、1740（元文５）年に開かれた黄檗宗の寺院、済興寺である。

杉戸高野台、幸手、南栗橋（3駅とも日光線）

杉戸高野台【所在地】埼玉県北葛飾郡杉戸町高野台東１－19－８　【開業】1986（昭和61）年８月26日　【キロ程】3.2km（東武動物公園起点）　【ホーム】２面４線
【乗降人員】11,512人（2019年度１日平均）

幸手【所在地】幸手市中１－１－23　【開業】1929（昭和４）年４月１日　【キロ程】5.8km（東武動物公園起点）　【ホーム】２面２線
【乗降人員】13,574人（2019年度１日平均）

南栗橋【所在地】埼玉県久喜市南栗橋１－20　【開業】1986（昭和61）年８月26日　【キロ程】10.4km（東武動物公園起点）　【ホーム】２面４線
【乗降人員】8,843人（2019年度１日平均）

1986（昭和61）年８月に開業した杉戸高野台駅はベッドタウンの風景が駅前に広がる。日光線内では板倉東洋大前駅に次いで南栗橋駅と並び２番目に新しい駅である。はるばる東急電鉄の車両も当駅にやって来る。
◎杉戸高野台　1996（平成８）年11月21日　撮影：荻原二郎

かつては当駅折り返し列車が設定されていた幸手駅。駅前には「東武日光線開通記念碑」が建っている。現在は日比谷線、半蔵門線
→東急田園都市線へ向かう列車が多く、浅草行きは少数である。◎幸手　1976（昭和51）年　撮影：山田虎雄

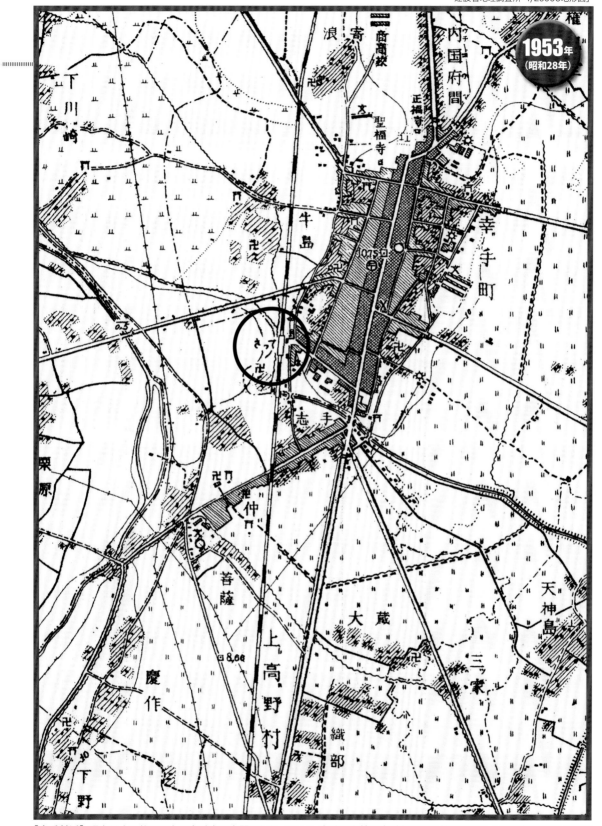

【幸手付近】 現在は人口約5万人の幸手市の玄関口となっている、東武日光線の幸手駅周辺の地図である。1953（昭和28）年のこの当時、日光街道（国道4号）の東側に幸手バイパスはなく、市街地を迂回する形の総延長2.6キロのバイパスは、1959（昭和34）年に誕生している。幸手市の市役所は現在、駅東北でバイパス東側の東4丁目に置かれている。

東武鉄道の時刻表（昭和16年）

浅草雷門・東武日光間 聯 （電車）（東武鐵道 日光線） 主要驛ノミヲ示ス 各驛連絡

十六年一月 一日訂補

東 武 日 光 行

粁程	運賃 圓錢	驛名	121	123	101	125	105	127	129	131	133	135	137	107	139	141	143	145	147	149	151	153
0.0		浅草雷門 發	5 00	6 00	6 52	7 00	7 55	8 00	9 00	10 00	11 00	12 00	1 00	1 52	2 00	3 00	4 00	5 00	6 00	7 00	8 00	9 00
41.0	72	杉 戸																				
135.3	2.13	東武日光 著	7 58	8 43	9 10	9 43	10 47	10 51	11 43	0 41	1 44	2 46	3 44	4 10	4 51	5 44	6 44	7 44	8 44	9 47		

浅 草 雷 門 行

粁程	運賃 圓錢	驛名	120	122	124	126	128	130	132	134	136	138	140	142	104	144	106	146	148	150	152	154
0.0		東武日光 發			6 25	7 30	8 25	9 25	10 25	11 22	0 25	1 25	2 25	3 27	4 15	4 25	5 05	6 25	6 25	7 25	8 25	9 25
94.5	1.65	杉 戸 著發																				
135.6	2.13	浅草雷門 著	7 24	8 03	9 07																	

十三年九月 一日訂補

栃 木・東 武 宇 都 宮 間 聯 （東武鐵道 宇都宮線） 連絡驛ノミヲ示ス

（省線日光驛、宇都宮驛176, 182頁）

連絡驛名　野州大塚、國谷、安塚、西川田、南宇都宮、花房町

東武宇都宮行

粁程	運賃 圓錢	驛名	261	221	263		251	253
0.0		浅草雷門 發	…	5 00	…	此ノ間 20分 乃至 1時間 毎ニ運轉	8 00	9 00
85.9	1.36	栃 木省發	3 01	6 54	7 19		9 40	10 52
88.9	1.42	新 栃 木	6 05	6 59	7 21		9 45	10 54
96.2	1.54	壬 生	6 27	7 09	7 30		9 54	11 05
113.3	1.59	東武宇都宮 著	6 37	7 31	7 54		10 11	11 22

栃木・浅草雷門行

粁程	運賃 圓錢	驛名	222	224	4		255	256
0.0		東武宇都宮 發	5 45	6 48	7 40	此ノ間 20分 乃至 1時間 毎ニ運轉	9 51	10 33
17.1	30	壬 生	6 06	7 10			10 13	10 55
24.4	43	新 栃 木	6 18	7 24			10 23	11 04
27.4	48	栃 木省著	6 22	7 27	8 02		10 26	11 07
113.3	1.59	浅草雷門 著	8 03	9 07	9 33			

1941（昭和16）年当時の浅草〜日光間で運転していた列車をまとめた時刻表。現在の浅草駅は「浅草雷門」として掲載されている。定期列車の浅草発時刻は毎時00分。東武日光発時刻は概ね毎時25分に統一されていた。時刻の表示は午前、午後ともに0,1,2…という表記だった。

3章
亀戸線、大師線

◎曳舟　昭和50年代　撮影：山田虎雄

小村井

【所在地】東京都墨田区文花２－20－１　【開業】1928（昭和３）年４月15日　【キロ程】1.4km（曳舟起点）　【ホーム】２面２線
【乗降人員】11,693人（2019年度１日平均）

２両編成の電車は8000系。1963（昭和38）年から1983（昭和58）年と長きに亘って製造された通勤型電車だ。２、４、６、８両の固定編成がある。私鉄電車では最多となる712両が製造された。同じ形式でも、製造時期等により前面の形状をはじめとして、各部の仕様が異なる。◎小村井　1967（昭和42）年３月19日　撮影：荻原二郎

亀戸方を明治通りが横切る小村井駅。現在も地上駅の佇まいを湛える構内の前後には踏切がある。亀戸線の列車は朝夕の時間帯には上下ともに７〜８分間隔。日中は約10分間隔で運転している。構内に踏切はなく、上下線のホームは地下通路で連絡する。
◎小村井　1967（昭和42）年３月19日　撮影：荻原二郎

東あずま

【所在地】東京都墨田区立花４−23−８　【開業】1928（昭和３）年４月15日　【キロ程】2.0km（曳舟起点）　【ホーム】2面2線
【乗降人員】8,061人（2019年度１日平均）

未だ線路上の空が広く感じられた頃の亀戸線を軽快に進むモハ5430形とクハ420形の2両編成。第二次世界大戦後の混乱期に運輸省（現・国土交通省）が制定した「私鉄郊外電車設計要項」に基づいて製造された運輸省規格型車両の5300系を、1951（昭和26）年に実施された大改番で称号を変更した電車だ。
◎亀戸水神〜小村井
1955（昭和30）年１月８日
撮影：青木栄一

平井街道駅として1928（昭和３）年に開業した現在の東あずま駅。平井街道としては第二次世界大戦下の1945（昭和20）年５月20日に廃止された。終戦後の1956（昭和31）年に現駅名で営業を再開した。駅名は所在地周辺の町名であった吾嬬町（あづまちょう）に由来する。◎東あずま　1967（昭和42）年４月23日　撮影：荻原二郎

亀戸水神

【所在地】東京都江東区亀戸８−５−１　【開業】1928（昭和３）年４月15日　【キロ程】2.7km（曳舟起点）　【ホーム】2面2線
【乗降人員】4,352人（2019年度１日平均）

単行で亀戸線を走るデハ1形。大正期に伊勢崎線浅草（初代→現・とうきょうスカイツリー）〜西新井間の電化開業に伴い投入された東武電車の祖である。時代が昭和に移ると、支線の普通運用を担当した。6番車は第二次世界大戦後間もなく、新潟交通へ譲渡された。◎亀戸水神　1938（昭和13）年８月17日　撮影：荻原二郎

新規開業時には現所在地よりも亀戸方に建設された亀戸水神駅。1928（昭和３）年に曳舟方の隣駅であった北十間駅が廃止された折、同駅を統合するかたちで移転した。構内の曳舟方に丸八通りへ続く道との踏切があり、上下ホームは構内踏切で連絡している。◎亀戸水神　1967（昭和42）年４月23日　撮影：荻原二郎

亀戸

【所在地】東京都江東区亀戸５−１−１　【開業】1904 (明治37) 年４月５日　【キロ程】3.4km (曳舟起点)　【ホーム】1面2線
【乗降人員】27,001人 (2019年度１日平均)

帝国陸軍参謀本部陸地測量部「1/10000地形図」

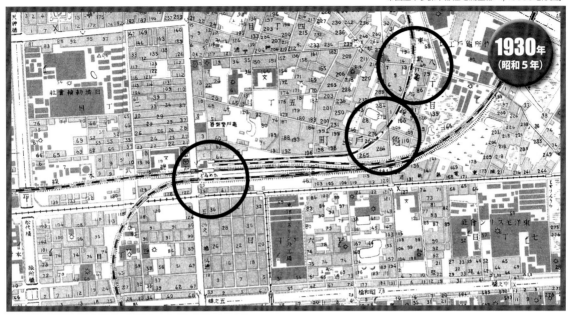

【亀戸付近】 東武亀戸線と国鉄総武本線が連絡する亀戸駅付近、1930 (昭和５) 年の地図である。亀戸線には亀戸水神、北十間駅が置かれているが、この２つの駅は1928 (昭和３) 年４月の亀戸線の電化に合わせて開業し、1946 (昭和21) 年12月に統合されて、両駅の中間付近に亀戸水神駅が移動した。亀戸駅の南側には京葉道路 (国道14号) が走り、この当時は城東電気軌道の路面電車 (後の都電) が走っていた。南北に走る道路は明治通りである。

亀戸駅北口の懐かしい駅舎。総武本線は高架のホームであるが、東武亀戸線は地上平地の頭端式ホームから発着する。明治時代に東武鉄道は亀戸から湾岸部の越中島まで延伸を計画していたが、日露戦争などもあり、工事は進まず未完成に終わった。
◎亀戸　1970 (昭和45) 年　撮影：山田虎雄

【亀戸駅付近の空撮】
1960（昭和35）年、国鉄（現・JR）総武本線、東武亀戸線の亀戸駅が置かれている亀戸1丁
目・5丁目付近の空撮で、明治通り（都道306号）と京葉道路（国道14号）が交わる交差点を
通過するバスや、京葉道路を走る都電の姿が見える。亀戸駅は太平洋戦争の東京大空襲で焼
失しており、戦後も駅舎の整備は進んでいなかった。駅の周辺にも大きなビルは少なく、手前左
側に見えるビルがあるくらいである。この場所には現在、みずほ銀行亀戸支店が建っている。
◎1960（昭和35）年　提供：毎日新聞社

大師前

【所在地】東京都足立区西新井１−３−１　【開業】1931（昭和６）年12月20日　【キロ程】1.0km（西新井起点）　【ホーム】1面1線
【乗降人員】13,982人（2019年度１日平均）

西新井大師への参詣路線として一駅間の盲腸線が建設された大師線。昭和30年代には単行の旧型電車が行き交うのが常だった。
昭和初期に製造されたデハ105形が1400形一族に組み込まれて生き長らえていた。ぶどう色の車体が郷愁を誘う。
◎西新井〜大師前　1956（昭和31）年４月30日　撮影：吉村光夫

第二次世界大戦後に急増した鉄道利用客を裁くために製造された6300系。四枚扉を備えたブドウ色の切妻車体は、旧国鉄の63
系電車そのものだった。後に7300系となり、高度経済成長下で通勤通学輸送を支えた。正月を迎えた大師線に２両編成の通勤型
電車が入線していた。◎大師前　1955（昭和30）年１月４日　撮影：江本廣一

大師線は西新井から一駅区間の盲腸線だが、終点の大師前駅は「関東の高野山」と称される西新井大師（總持寺【そうじじ】）の門前駅である。現所在地へ移転する前の駅舎は寄棟屋根を持つ堂々とした造り。出入り口付近はアーチ状の目を引く形状だった。
◎大師前　1968（昭和43）年3月26日　撮影：荻原二郎

西新井大師の周辺で環七通りの拡幅工事が行われていた頃、参道の傍らには大師前駅の廃止反対を訴える立て看板があった。工事の終了後も当駅は存続し、1968（昭和43）年12月1日に環七通りを隔てて西新井寄り100mの場所に移転した。駅と参道は離れたが、大師境内との距離はむしろ近づいた。◎大師前　1967（昭和42）年3月26日　撮影：荻原二郎

地上駅時代の大師前駅。乗降ホームの隣に1面1線の上屋が無いホームを備えていた。ホームの間を連絡する踏切は閉鎖されている模様。隣接する環七通りの拡幅工事に伴い、1968（昭和43）年12月1日に現在の駅がある場所へ移転した。◎大師前　1967（昭和42）年3月26日　撮影：荻原二郎

【東京マリンの空撮】
東武伊勢崎線の西新井駅を最寄り駅とし、尾竹橋通り沿いの足立区栗原3丁目にあった東京マリンは戦後の1970年代以降、地元・足立区ばかりでなく、東京の子供たちが多く通ったプール（ウォーターパーク）だった。この当時（1978年）から、波のプールや流れるプールなどがあり、大型の滑り台（ウォータースライダー）を設置したほか、ローラースケート場なども設けられたが、やがて経営は赤字が続き、2001（平成13）年に閉場した。跡地には2003（平成15）年に大規模マンションが建てられている。
◎1978（昭和53）年　提供：朝日新聞社

牧野和人（まきの かずと）

1962年、三重県生まれ。写真家。京都工芸繊維大学卒。幼少期より鉄道の撮影に親しむ。平成13年より生業として写真撮影、執筆業に取り組み、撮影会講師等を務める。企業広告、カレンダー、時刻表、旅行誌、趣味誌等に作品を多数発表。臨場感溢れる絵づくりをもっとうに四季の移ろいを求めて全国各地へ出向いている。

【写真撮影・提供】

東武鉄道、東武博物館

青木栄一、井口悦男、岩田 武、江本廣一、大谷正春、小川峯生、荻原二郎、園田正雄

竹中泰彦、田部井康修、矢崎康雄、吉村光夫、山田虎雄

春日部市、越谷市、草加市、朝日新聞社、毎日新聞社

【沿線案内図、絵葉書提供・文】

生田 誠

昭和～平成
東武スカイツリーライン沿線アルバム

発行日 ………………… 2020年9月10日　第1刷　　※定価はカバーに表示してあります。

解説 ………………… 牧野和人

発行者 ………………… 春日俊一

発行所 ………………… 株式会社アルファベータブックス

　　　　　　　〒102-0072　東京都千代田区飯田橋2-14-5 定谷ビル

　　　　　　　TEL. 03-3239-1850　FAX.03-3239-1851

　　　　　　　http://ab-books.hondana.jp/

編集協力 ………………… 株式会社フォト・パブリッシング

デザイン・DTP ……… 柏倉栄治

印刷・製本 ………………… モリモト印刷株式会社

ISBN978-4-86598-863-5　C0026